BASTEI
LÜBBE

Claudia Lardon-Kattenbusch (Hrsg.)

Da kam ein Engel vom Himmel

Die schönsten Engelgeschichten aus alter und neuer Zeit

BASTEI LÜBBE

BASTEI-LÜBBE-TASCHENBUCH
Band 12 425

Originalausgabe

Printed in Germany, November 1995
Einbandgestaltung: Gisela Kullowatz
Satz: Kremerdruck GmbH, Lindlar
Druck und Bindung: Ebner Ulm
ISBN 3-404-12425-1

Käme kein Engel mehr,
dann ginge die Welt unter. Solange Gott die Erde trägt,
schickt er seine Engel.
Die Engel sind älter als alle Religionen –
und sie kommen auch noch zu den Menschen,
die von Religion nichts mehr wissen wollen.

Claus Westermann

William Blake

INHALT

KAPITEL II
HIMMLISCHE RATGEBER 47

KAPITEL III
ENGEL IN LIEBE UND LEID 95

KAPITEL IV
DER ENGEL DER LETZTEN STUNDE 125

KAPITEL V
VON DER HERRLICHKEIT DER ENGELWELT 157

VORWORT

Immer mehr Menschen unserer Zeit möchten an die Existenz von Engeln glauben. War es für frühere Generationen eine umumstößliche Gewißheit, daß wir, wo wir auch gehen und stehen, von Geistwesen umgeben sind, so ging dieser naive, unreflektierte Glaube seit Beginn des wissenschaftlichen Zeitalters verloren. Nur was sich nachweislich belegen ließ, sollte noch Geltung haben. Dabei sind gerade diese rationalistischen Erkenntnismethoden längst an ihre Grenzen gestoßen. Wir brauchen die Rückbesinnung auf innere, geistige Werte, um Ruhe in unserer immer unübersichtlicher werdenden Welt zu finden – und um in ihr bestehen zu können.

Wie schön wäre es, wenn wir auf unserer Reise in die eigene Seele von Engeln begleitet würden! Wir Engelsucher erhoffen uns sehr viel davon, Schutz zum Beispiel oder auch Anleitung, Trost in schweren und Freude in glücklichen Momenten. Zu allen Zeiten und auf allen Kontinenten haben Menschen Engelbegegnungen gehabt. Ihre Zeugnisse können uns helfen, dem Reich der Engel näherzukommen.

Engelbegegnungen lassen sich nicht planen und ebensowenig herbeiwünschen. *Sie* suchen *uns* auf – unsere Aufgabe ist es, die »innere Antenne« auf Empfang zu stellen. Dabei führt der Weg der Engel in unsere Welt anscheinend über eine Leiter, eine ganz besondere natürlich! Der biblische Patriarch Jakob hat diese Himmelsleiter im Traum gesehen:

»Er sah eine Leiter, die auf der Erde stand und bis zum Himmel reichte. Auf ihr stiegen die Engel Gottes auf und nieder; und der Herr stand oben darauf und sprach: Ich bin der Herr, der Gott deines Vaters Abraham...«

Genesis 28,10–12

Als Mittler zwischen Gott und uns Menschen steigen die Engel im göttlichen Auftrag herab und kehren auf dem gleichen Weg in das himmlische Reich zurück – so lautet die Vision des Jakob.

Diese Vorstellung von einer Himmelsleiter als Weg zwischen Himmel und Erde ist aber keineswegs eine Erfindung des Alten Testaments. So stieg auch der Prophet Mohammed auf einer Leiter ins Paradies auf; viele andere Völker haben ebenfalls religiöse Zeremonien, die im engeren und weiteren Sinne mit einer Leiter, einer Schlange oder einem Regenbogen zu tun haben, die bis in den Himmel reichen. (Taoistische Mönche in Taiwan und Yamabushi-Mönche in Japan üben sich darin, barfuß eine Leiter mit bis zu sechsunddreißig rasierklingenscharfen Schwertern hinaufzuklettern!)

Der Weg hinauf in die spirituelle Welt ist uns Erdenwesen nicht so geläufig, aber zum Glück kennen ja die Engel ihre Strecke zu uns herab. Sie berühren uns für einen kurzen Moment, trösten, beglücken, belehren uns, stiften uns zu Taten an. Von solchen spannenden Begegnungen und ihren Auswirkungen berichtet dieses Buch.

Claudia Lardon-Kattenbusch
im Juni 1995

1
MUTUS LIBER, IN QUO TAMEN
tota Philosophia hermetica, figuris hieroglyphicis
depingitur, ter optimo maximo Deo misericordi
consecratus, solisque filiis artis dedicatus,
authore cuius nomen est Altus.
21. 11. 82. Neg:
93. 82. 72. Neg:
82. 81. 33. Tued.

KAPITEL I

DER ENGEL AN DEINER SEITE

Mein Schutzengel

Er schüttet mich aus:
Das Kind mit dem Bade.

Ich springe nicht gerne:
Wer springt, fällt in Gnade.

Soviel ich auch stemme:
Er zinkt die Gewichte.

Will ich mit der Tante:
Beschützt er die Nichte.

Zerwerfe ich Scheiben:
Er handelt mit Kitt.

Und geh ich verloren:
Mein Finder geht mit.

Günter Grass

Tobias und sein Schutzengel Rafael

Die Geschichte von Tobias und Rafael ist eine der bekanntesten und ältesten Schutzengelgeschichten überhaupt. Sie steht in den Apokryphen, im Buch Tobit.

Zum Hintergrund sei gesagt, daß der Erzengel Rafael als einer der sieben Thronengel gilt und auch als »Engel der Heilung« bezeichnet wird. Weder Tobias noch seine Eltern ahnen, welch mächtige Schutzperson ihn da auf seiner gefährlichen Reise begleitet. Rafael hilft Tobias bei der Wahl seiner Ehefrau und zeigt ihm, wie er seinen blinden Vater heilen kann.

Tobit, der Vater des Tobias, wird vom Unglück verfolgt. Er muß mit seiner Familie ins Exil gehen, verliert sein Vermögen und erblindet auch noch. In dieser Not schickt Gott seinen Engel Rafael zu Hilfe.

Rafael stellt sich als entfernter Verwandter vor, und Tobit vertraut ihm seinen einzigen Sohn Tobias an. Er schickt die beiden nach Medien, wo er eine große Summe Geldes für Notzeiten hinterlegt hat.

Auf ihrer Reise kommen sie an das Ufer des Tigris und schlagen dort ihr Nachtlager auf. Der junge Tobias will sich im Fluß waschen. Da schießt plötzlich ein großer Fisch heraus, um ihn zu verschlingen.

Der Engel ruft: »Ergreife ihn und ziehe ihn heraus. Zerteile den Fisch und behalte das Herz, die Galle und die Leber, denn sie sind heilkräftig.«

Und Tobias tut, wie ihm der Engel gesagt hat. Den Rest des Fisches braten und essen sie. Schließlich kommen sie in die Stadt Ekbatana.

Der Engel sagt: »Heute werden wir bei deinem Verwandten Raguel übernachten. Ich will mit ihm reden, daß er dir seine einzige Tochter Sarah zur Frau gibt. Ich weiß, daß Ra-

guel sie nach dem Gesetz des Mose keinem anderen Mann geben darf, denn du hast vor allen anderen ein Recht auf ihr Erbe.«

Der junge Tobias ist voller Angst und entgegnet: »Ich habe gehört, daß sie schon mit sieben Männern verheiratet war und jeder von ihnen noch in der Hochzeitsnacht gestorben ist. Ein böser Dämon hat sie getötet.«

Der Engel aber sagt zu ihm: »Mache dir keine Sorgen. Noch in dieser Nacht werdet ihr vermählt. Den Dämon vertreibst du, wenn du im Brautgemach ein Stück vom Herzen und von der Leber des Fisches verbrennst. Du wirst Sarah aus ihrer Not befreien, sie wird mit dir ziehen und dir Kinder schenken.«

Tobias befolgt den Rat des treuen Gefährten. Der Dämon muß Sarah freigeben, als Rauch aus der Räucherpfanne emporsteigt. Das Hochzeitsfest dauert vierzehn Tage. In dieser Zeit reist Rafael nach Medien, um das Vermögen des alten Tobit auszulösen. Schließlich begibt sich Tobias mit seiner jungen Frau und Rafael auf die Heimreise. Sein Schwiegervater Raguel hat ihm die Hälfte seines Vermögens überlassen, Sklaven, Vieh und Geld.

Kurz bevor die Karawane in Ninive, der Heimatstadt von Tobias, eintrifft, sagt der Engel zu ihm: »Ich weiß, dein Vater wird wieder sehen können. Streiche ihm nur bei unserer Ankunft die Fischgalle auf die Augen.«

Und alles geschieht so, wie es der Engel gesagt hat.

Dann gibt sich Rafael Tobit und seinem Sohn Tobias als Erzengel zu erkennen. Beide fallen vor ihm nieder und fürchten sich sehr. Der Engel aber spricht: »Fürchtet euch nicht. Friede wird euch zuteil werden. Ich kam auf Befehl Gottes zu euch. In der ganzen Zeit, die ich bei euch war, habe ich nichts gegessen und getrunken. Ihr habt nur eine Erscheinung gesehen. Ich bin Rafael, einer von den sieben heiligen Engeln, die das Gebet der Heiligen vortragen und mit ihm vor die Majestät des heiligen Gottes treten. Jetzt aber dankt Gott.«

Und sie loben und preisen den Herrn. Als sie sich erheben und aufblicken, ist der Engel verschwunden.

Das Buch Tobit ist vermutlich in der ersten Hälfte des zweiten vorchristlichen Jahrhunderts aufgeschrieben worden. Interessanterweise werden uns auch in anderen religiösen Schriften ähnliche Geschichten von einem Jüngling und seinem Engelbegleiter überliefert, so zum Beispiel im Koran.

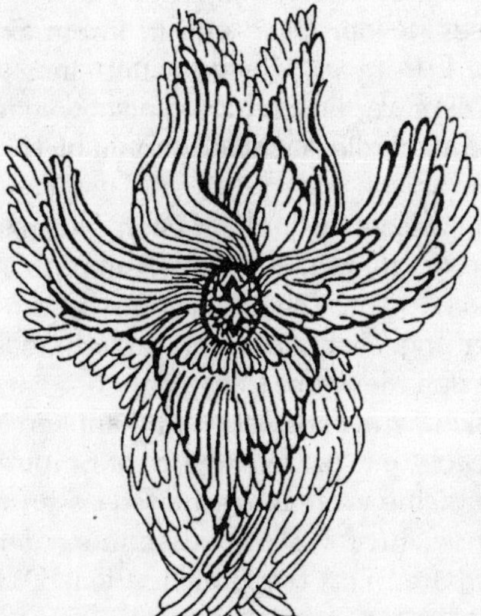

Seraph

Tante Mimis Erbe

Die Schriftstellerin Karin Reschke lebt in Berlin. Mehr als zweitausend Jahre nach der biblischen Tobias-Geschichte hat sie ein sehr eigenartiges Erlebnis mit eben diesem Jüngling und seinem Schutzengel gehabt:

Tante Mimi war endlich gestorben, eine uralte Frau im Lehnstuhl, von Reichtümern in ihrem düsteren Haus an der Taubenstraße umgeben. Auf dem Dachboden hatte ich als Kind in ihren Kostümtruhen gewühlt, war als Dollarprinzessin durch ihre Salons stolziert, als verkaufte Braut oder Madame Pompadour. Tante Mimi spielte in ihren jungen Jahren Theater, ihre Ruhmesblätter hingen an den Wänden des Treppenhauses, in der Diele und in ihrem Schlafzimmer. Bühnenszenen, Porträts, Theaterzettel einer versunkenen Welt. Tante Mimi war unserer Zeit entschwunden, vielleicht eine Legende, doch die Nachwelt kannte nicht einmal mehr ihren Namen.

Das Haus, diesen finsteren Kasten, vermachte sie der Kirche, ich erbte ihre Möbel, Bilder, Ruhmesblätter, die Truhen vom Dachboden. Die Betreuerin bekam ihren alten Schmuck, der angeblich nicht viel wert war, das Tafelsilber, Tischwäsche und Meißener Porzellan.

Es stellte sich heraus, daß auch ihre antiken Möbel nichts taugten, ihr Stolz, ein Sekretär aus dem Empire, den ich als Andenken in meine Wohnung schaffen lassen wollte, brach auf der Treppe ihres Hauses zusammen, der Holzwurm hatte das kostbare Stück erfolgreich zerlegt. Den Lehnstuhl, in dem Tante Mimi gestorben war, überließ ich einem Antiquitätenhändler, ebenso ihr biedermeierliches Schlafzimmer, die Teetische, Schränke und die Gemälde, bis auf einen niederländischen unbekannten Meister, dessen Tobias-Bildnis mich schon als Kind immer wieder zu ihm hingezogen hatte, sein fließendes Gewand, sein strahlendes Antlitz, die freudig ausgestreckten Arme, der schöne, nackte Fuß in der Sandale, die Landschaft seiner Sehnsucht und der Engel mit den goldenen Flügeln, ein schwebendes Lächeln im schattigen Gesicht.

Erst später, in meinen Erwachsenenjahren, entdeckte ich, daß der Engel nicht lächelte, Zorn stand in seinen dunklen Augen. Zorn schien auf seinen Lippen zu beben, das Schwert in seiner Hand schimmerte golden wie seine Flügel, und es sauste schon hernieder, um Tobias zu richten. Entsetzt starrte ich auf den Engel, plötzlich störte der Engel in seiner schwarzen Kluft Tobias' Traumlandschaft, der junge Mann tat einen Schritt ins Totenreich, und es beglückte ihn, oder wußte er nicht, was ihm drohte?

Ehe ich der Geschichte von Tobias nachspüren konnte, suchte ich einen Platz für das Bild in meinem Zimmer, verbrachte Stunden, Tage damit, es zu betrachten.

Vier Wochen nach Tante Mimis Beisetzung verschwand der Engel des Tobias. Eines Morgens stand Tobias allein in herrlicher Frühe und streckte seine Arme aus, er begrüßte den Tag. Irritiert nahm ich das Bildnis von der Wand, trug es ans Fenster. Der schwarze Engel mit goldenen Flügeln und goldenem Schwert hatte Tobias verlassen, hatte das Bild verlassen, war auf und davon. Zum ersten Mal bedauerte ich Tante Mimis Weggang, bedauerte, daß ich sie nicht mehr fragen konnte, woher sie den niederländischen Meister kannte, bei welcher Gelegenheit dieses Gemälde in ihren Besitz kam und was es ihr bedeutete. Denn Tante Mimi hatte nicht einfach Wertvolles erworben, um sich damit zu schmücken, die Gegenstände und Bilder, die sie umgaben, waren von Geschichten umwoben, sie hing an den Geschichten mehr als an den Dingen selbst. Außerdem war es unmöglich, daß ein Engel, gemalt vor etwa vierhundert Jahren, der von einem Bild verschwand, keine Spuren der

Leere hinterließ, daß nirgends ein Schaden auf dem Bild auftrat und kein Verlust. Auch wußte ich seit Kindheitstagen von dem Engel, hatte ihn doch lächelnd und zornig gesehen.

Nach einigen Tagen der Ratlosigkeit suchte ich einen Museumsmann auf, brachte ihm das Bild, wollte von ihm erfahren, was es mit dem Subjekt auf sich habe. Der Mann war hingerissen von dem Niederländer, er lobte den guten Zustand des Bildes, redete über Tobias, eine griechische Mythengestalt, die sich im Alten Testament wiederfindet, wie über einen alten Freund. Tobias, Sohn des Tobit, eines Schriftgelehrten, kehrt nach seinen Lehr- und Wanderjahren zurück in sein Vaterhaus, das Bildnis hält die Heimkehr fest, das Morgenrot über den Wipfeln, das Wiedersehen mit dem Vater, den man im Bild nicht sieht, den aber Tobias in der Ferne erkennt. Von einem Todesengel keine Rede. Diese Vision des Museumsmannes brachte mich vollends durcheinander. In meiner Verwirrung besuchte ich Tante Mimis Grab auf dem Waldfriedhof, irrte eine Weile umher, ehe ich es fand. Es sah noch frisch aus, die Erde schwarz, die Blumen und Kränze wie am Tag des Begräbnisses. Als ich wieder davonhasten wollte, sah ich ihn, den vermißten Engel des Tobias, er schwirrte über Mimis Erdhaufen, die Flügel golden, das Schwert gesenkt wie ein müder Krieger, die Augen milde in die Ferne gerichtet, und die zornig bebenden Lippen lächelten. Es war das Lächeln der Toten. Da dämmerte es mir, Tante Mimis Todesengel lungerte – frei geworden – durch die Gegend. Er war lange Gast in ihrem Haus gewesen, es mußte ihm schwer geworden sein, sich von Mimi zu trennen. Oder hatte er es versäumt, seine Aufgabe rechtzeitig zu erfüllen, und nahm deshalb eine Gestalt an, die er nicht mehr los wurde, seit er dem Tobias das Morgenrot verdunkelte?

Ich floh nach Hause, wußte, vor Engeln war jede Flucht

sinnlos, nahm das Bild von der Wand, drehte es um, ließ es umgedreht hängen. Wochen später bemerkte ich, der Engel wollte kein Wohnrecht in meiner Nähe, Tobias gehörte sich selbst, und ich durfte ihn ansehen ohne Furcht vor goldenen Flügeln und herniedersausendem Schwert.

Der Bergmann und der Engelsjüngling

In vielen Legenden und Volkssagen spielen Engel eine tragende Rolle. Dem Wahrheitsgehalt dieser Geschichten wird man nicht nachspüren müssen. Sie sind ein allmählich in Vergessenheit geratener Teil unserer Kultur. Man kann über ihren Symbolgehalt nachdenken oder sich schlichtweg an ihnen erfreuen.

In den Erzstollen von Ferriere, einem Dorf der Diözese Grenoble in Frankreich, hatte ein Bergmann sich zu tief hineingewagt. In seinem Eifer, eine Erzader zu verfolgen, hatte er nicht darauf geachtet, daß er von seinen Gefährten nichts mehr sah und hörte. Plötzlich gab ein Felsblock nach und versperrte ihm den Rückweg aus dem Schacht. In seiner Not versuchte er, sich durch Klopfzeichen bemerkbar zu machen, allein es regte sich nichts. Tiefe Stille um ihn herum. Lebendig begraben, mußte er dem Hungertod entgegensehen.

Da er sich allein auf den Weg gemacht hatte, wußten die Leute draußen nicht, wo genau sie nach ihm graben sollten. Schließlich, nachdem sie es wieder und wieder probiert hatten, gaben die Bergmänner die Suche verloren. Man hielt ihn für tot. Seine Frau ließ aber in jeder Woche das heilige Meßopfer für ihn darbringen, stiftete dabei jedesmal eine

Kerze und zeigte sich gütig gegenüber den Armen der Gemeinde. Dies tat sie mit Ausnahme einer einzigen Woche ein ganzes Jahr lang.

Unterdessen waren die Bergleute, ohne es zu wissen, mit ihren Arbeiten bei der verschütteten Stelle angelangt. Gerade machten sie sich daran, den verhängnisvollen Felsblock zu sprengen, als sie ganz schwach einen menschlichen Hilferuf vernahmen. Nun grub man vorsichtiger, und unter größten Mühen gelang es schließlich, eine Öffnung zu schaffen. Wie groß war das Erstaunen, als man den längst totgeglaubten Bergmann herausziehen konnte!

Einer rannte, seine Frau zu holen und ihr die glückliche Nachricht zu bringen. Sie verbreitete sich wie ein Lauffeuer, und schließlich war das ganze staunende Dorf um den Geretteten versammelt. Tief bewegt schloß ihn seine treue Ehefrau in die Arme. Er war zunächst wie blind und erzählte ihnen stockend, dann aber immer flüssiger seine Geschichte.

Anfangs habe er völlig verzweifelt – schließlich aber gefaßt – seinem Hungertod ins Auge gesehen. Da sei ihm plötzlich ein Jüngling von strahlender Schönheit und mit freundlichem Wesen erschienen. In der einen Hand habe dieser eine brennende Kerze gehalten, die er an der Felswand befestigte, in der anderen Brot, das er vor ihn hingelegt habe. Nach etwa acht Tagen seien Licht und Brot zu Ende gegangen. Da sei der Jüngling wieder erschienen und habe ihm beides aufs neue gebracht.

So war es zweiundfünfzigmal geschehen, einmal ausgenommen, wo er in Finsternis und Mangel gelassen worden war.

Bergmannssage, nach einem Erbauungsbuch von 1881

Die warnende Stimme

Immer wieder berichten Menschen von einer Eingebung, die sie plötzlich hatten, oder von einer rätselhaften Stimme, die aus dem Nichts zu kommen scheint und sie vor einer großen Gefahr warnen will. Unser Schutzengel? Oder lediglich menschliche Intuition?

In jedem Fall ist es sinnvoll, solche Stimmen nicht zu überhören, wie auch der folgende Vorfall in einem Sägewerk beweist.

Der alte »Sagmeister« Vinzenz K. betreute im Kloster Kremsmünster das Sägewerk. Seine Aufgabe war es, die Stämme auf den Zubringerwagen zu heben, wobei ihm die Sagknechte halfen, sie festzuspannen und das Gatter in Bewegung zu setzen. Dann wanderten die Bloche mit einer Geschwindigkeit von 60 cm pro Minute auf die Sägeblätter zu. Waren diese Verrichtungen getan, durfte der Sagmeister die Bloche für kurze Zeit ihrem Schicksal überlassen.

Des öfteren besuchte ihn sein vierjähriger Enkel Toni. Der Bub spielte gerne mit den Holzabfällen, die in der Sägehalle umherlagen.

Eines Tages weilte der Sagmeister in seiner Kanzlei, um in das Dienstjournal betriebstechnische Eintragungen zu machen, während das Gatter auf vollen Touren lief. Mitten in seiner Schreibarbeit glaubte er plötzlich eine Stimme zu vernehmen, die ihn aufforderte: »Eile unverzüglich hinaus zur Säge!« Von böser Ahnung erfaßt, legte er den Schreibstift weg und lief in das nebenan befindliche Sägewerk. Da erblickte er – fast hätte ihn der Schlag gerührt – seinen kleinen Enkel, rittlings auf dem wandernden Bloch sitzend, den Rücken der Säge zugewandt. Der Junge, dem dieses Spiel gefiel, klatschte in die Hände und rief vergnügt immer wieder: »Hü, Pferdi, hü!« Dabei trennte ihn nur noch ein Abstand von wenigen Dezimetern von den scharfen Sägezähnen. Der Sagmeister stürzte zum Schalthebel und stellte den Antrieb der Säge ab. Es ging um Bruchteile einer Minute...

berichtet von Hans Theodor Brik

Wie der Engel den heiligen Petrus befreite

In der Nacht vor der Gerichtsverhandlung schlief der Apostel, mit zwei Ketten gefesselt, zwischen zwei Soldaten. Auch vor dem Gefängnis standen Wachposten zur Sicherung des Gefangenen. Plötzlich erschien ein Engel des Herrn, und Licht erstrahlte im Raum. Der Engel stieß Petrus in die Seite und weckte ihn mit den Worten: »Erhebe dich!«

Da fielen die Ketten von seinen Händen. Der Engel sagte weiter: »Gürte dich und schlüpfe in deine Sandalen!« Simon gehorchte. Der Engel gebot ihm: »Wirf deinen Mantel um und folge mir!« Der Apostel ging dem Engel nach, wußte aber nicht, daß das Wirklichkeit war, was durch den Engel geschah, er glaubte vielmehr zu träumen. Sie schritten an der ersten und zweiten Wache vorbei und kamen zum eisernen Tor, das in die Stadt führte. Es öffnete sich ihnen von selbst. Sie traten hinaus und gingen eine Gasse entlang. Plötzlich schied der Engel von dem Apostel. Da kam Petrus zu sich und sprach: »Jetzt weiß ich gewiß, daß der Herr seinen Engel gesandt und mich der Hand des Herodes und aller Erwartung des Judenvolkes entrissen hat.«

Apostelgeschichte 12,4 ff

Siehe, ich sende einen Engel vor dir her, um dich auf dem Weg zu behüten und dich an den Ort zu bringen, den ich für dich bestimmt habe. Habe acht auf ihn und gehorche seinen Anordnungen und sei nicht widerspenstig gegen ihn! Denn er würde deine Schuld nicht verzeihen, weil mein Name in ihm ist. Wenn du jedoch seinen Anweisungen willig folgst und alles tust, was ich sage, werde ich der Feind deiner Feinde sein und deine Bedränger bedrängen. Dann wird mein Engel vor dir hergehen...

2. Mose 23,20–23

Römische Schutzgeister

Nach der Überzeugung der Römer hatte jeder Mensch seinen »genius«, seinen Schutzgeist, der ihn durch sein ganzes Leben begleitete und sein Schicksal gestaltete. Wurde ein Kind zur Welt geboren, so mußte ein eigenes Zeremoniell beachtet werden: der pater familias schlug mit einem Stab oder einer Axt auf die Türschwelle, um böse Geister zu vertreiben. Am neunten Tag nach der Geburt wurde dem Neugeborenen ein zauberkräftiges Amulett, die »bulla«, um den Hals gehängt, welche den Bann böser Einflüsse brechen sollte. Die bulla mußte das Kind bis zum vollendeten 16. Lebensjahr tragen.

Jede Phase des Lebens stand unter dem Einfluß eines bestimmten Geistes, und diese numina hatten alle ihren eigenen Namen, mit dem sie beschworen wurden. So riefen die in den Geburtswehen liegenden Frauen den Geist Lucina an. Als Hüterin des in der Wiege ruhenden Kindes galt Lunina. Die Sorge für das Säugen des Neugeborenen oblag dem numen Rumina. Daß das Kind stehen lernte, war Aufgabe des Geistes Statana, während Ossipaga verantwortlich gehalten wurde für das Wachstum des Knochengerüstes der kleinen Erdenbürger.

So wähnten sich die Menschen jener Zeit von der Geburt bis zum Tod getragen vom Einfluß unsichbarer Mächte.

nach Prof. Dr. Thomas Corbishley, Oxford

Der Schutzgeist des Sokrates

Auch vom griechischen Philosophen Sokrates sind Erlebnisse mit seinem Schutzengel (Daimonion) erhalten. Plutarch, selbst Philosoph und Priester des Orakels von Delphi, hat uns in seiner Schrift »Über den Schutzgeist des Sokrates« einige davon übermittelt. Wie wir uns den Eingriff dieses Geistes praktisch vorzustellen haben, schildert Plutarch so:

»Sokrates war mit einigen Begleitern unterwegs. Plötzlich blieb er stehen und versank lange Zeit schweigend in sich, dann drehte er um, schlug den Weg durch die Schreinergasse ein und rief auch die schon vorangegangenen Freunde zurück mit den Worten, der Schutzgeist habe zu ihm gesprochen.

Die meisten machten nun mit ihm kehrt..., einige junge Leute aber gingen den geraden Weg weiter, wohl um den Schutzgeist des Sokrates Lügen zu strafen... Als sie nun durch die Steinmetzgasse an den Gerichten entlanggingen, da begegnete ihnen eine große Herde Schweine, mit Schmutz bedeckt und dicht aneinandergedrängt wegen ihrer Menge, und da es kein Ausweichen gab, rannten sie die jungen Leute an und rissen einige um, die anderen beschmutzten sie.

So kam auch Charillos an den Beinen und am Mantel mit Schmutz bedeckt nach Hause, so daß wir uns immer mit Lachen an den Schutzgeist des Sokrates erinnerten und uns doch auch wunderten, daß die Gottheit den Mann niemals verläßt und vergißt.«

Wunder geschehen nicht im Gegensatz zur Natur, sondern nur zu dem, was wir von der Natur wissen.

Augustinus

Engel der Heilung

Die Journalistin Ute York berichtet in ihrem Buch »Engel werfen keine Schatten« von einem Menschen, der über außergewöhnliche heilende Kräfte verfügt:

Einen solchen Heiler, Gefährten der Engel, kenne ich persönlich. Er ist nicht in hellblaue Strahlen eingehüllt, sondern trägt einen weißen Kittel und ist leitender Oberarzt einer großen Klinik im Ruhrgebiet. Ich habe ihn kennengelernt, als ich für die Zeitschrift »Eltern«, bei der ich damals arbeitete, eine Reportage über Akupunktur während der Geburt schreiben sollte. Damals, vor gut zehn Jahren, erschien Akupunktur den meisten wissenschaftlich denkenden Menschen noch überaus suspekt. Andererseits hatte die Klinik, in der sie angewandt wurde, einen guten Namen. »Fahren Sie doch mal hin und sehen Sie sich das an«, hieß es also, und so flog ich zusammen mit einem Fotografen ins Ruhrgebiet.

Der Oberarzt, das zeigte sich schnell, konnte durch Akupunktur wirklich wundervolle Dinge bewirken. Frauen, die vor Schmerzen schrien, waren kurze Zeit später, nachdem er ihnen die Nadeln gesetzt hatte, ruhig und gelassen. Babys, die endlos auf sich warten ließen, kamen durch Akupunktur rasch und problemlos zur Welt. Mütter, die ihr Kind nicht stillen konnten, hatten nach ein paar Nadeln genügend Milch, um Zwillinge zu ernähren. Das allein kam mir schon beinahe wie ein Wunder vor. Aber es war nur der Stoff für eine gute, spannende Reportage. Über das, was ich damals dort noch erlebt habe, schreibe ich heute zum ersten Mal. Denn dieses Erlebnis hat meine geordnete und rationale Sicht der Dinge über den Haufen geworfen. Ich sah mit eigenen Augen, daß es wirklich mehr Dinge zwischen Himmel und Erde gibt, als unsere Schulweisheit uns träumen läßt:

Neben einem Zwölfstundentag als Gynäkologe und Geburtshelfer befreite der Oberarzt Wolfgang S. in der Freizeit kranke Menschen von ihren Leiden, indem er seine Hände auf den erkrankten Körperteil legte und dazu ein kurzes, wortloses Gebet sprach. Ich durfte ihm dabei zuschauen. Irgendwann habe ich den Mut, ihn zu fragen, woher er diese Fähigkeit hatte. »Aber das ist doch nichts Besonderes«, antwortete er. »Das kann jeder. In der Bibel steht genau, was wir tun müssen: Wir brauchen nur darum zu bitten. Schlagen Sie nach bei Johannes 15, Vers 7: 'Wenn ihr in mir bleibt und meine Worte in euch bleiben, werdet ihr bitten, was ihr wollt, und es wird euch widerfahren.' Es klappt allerdings nicht immer«, fügte er mit spitzbübischem Lächeln hinzu. »Das ist ganz merkwürdig. Ich kann in vielen Fällen helfen. Zahnmedizin, orthopädische Probleme, Augenheilkunde, Hals-Nasen-Ohren-Leiden, Innere Medizin – das alles sind medizinische Bereiche, von denen ich nur wenig Ahnung habe, aber oft kann ich trotzdem mit einem Gebet und mit meinen Händen Schmerzen lindern und Beschwerden beseitigen. Doch in der Gynäkologie, wo ich mich wirklich auskenne, da nützt Handauflegen gar nichts. Ich habe mich lange gefragt: Warum klappt es auf allen anderen Gebieten, aber da nicht? Mittlerweile glaube ich die Antwort zu wissen: Der Herrgott, der mir diese Fähigkeit verliehen hat, will es mir nicht zu leicht machen. Wo ich mein Handwerk verstehe, soll ich es auch ausüben.«

Dieser wunderbare Mensch war – und ist es heute noch – von einer nahezu unglaublichen Bescheidenheit. Dank und Bewunderung konnte er nicht ertragen. Er heilte mit einer unbeschreiblichen Freude. Sein Chef, ein ebenso renommierter wie orthodoxer Professor der Schulmedizin, machte kein Hehl daraus, daß ihm die Kräfte seines Oberarztes nicht geheuer waren. »Aber er kann's«, sagte er respektvoll und zog ein wenig ratlos die Schultern hoch.

Wolfgang S. arbeitet heute noch als Oberarzt und Heiler. Ich habe ihn selbst in einigen Fällen um Hilfe gebeten, und nie vergeblich. Bewundert habe ich ihn schon immer. Aber erst jetzt, mehr als zehn Jahre nachdem ich ihn kennenlernen durfte, habe ich verstanden: Ich habe, wie der Dichter Gottfried Benn das ausdrückt, einen Menschen getroffen, der »die reine Stirn der Engel trug«.

An die Engel meiner erwachsenen Kinder

Ich spreche mit den Engeln meiner erwachsenen Kinder:
Seid ihr immer noch bei ihnen und habt ihre Wünsche in euren Händen?
Wißt ihr etwas von ihrer kampferfüllten Einsamkeit?
Und wenn sie nun euch und das Leben überhaupt ablehnen, wendet ihr euch dann ab und grollt ihnen, oder bleibt ihr trotzdem bei ihnen?
Sie brauchen euch, mehr noch als damals, als sie klein waren,
sie brauchen euch ganz dringend!
Denn die Jugend ist die schwerste Zeit.
Alles muß eigenhändig geregelt werden, man muß sich freikämpfen, alles selbst durchdenken, und von Engeln will man nichts wissen.

Oh, ihr Engel meiner erwachsenen Kinder!
Eine Mutter darf nicht länger eingreifen, aber ihr dürft.
Eine Mutter darf nicht länger Rat geben, aber eure Weisheit kommt von Gott.
Bleibt bei meinen erwachsenen Kindern, ihr Engel!
Helft ihnen, im Gestrüpp zu wandern und den rechten Weg zu finden, ihren eigenen Weg!

aus dem Schwedischen

Himmlische Musik

Im Jahre 1689, während der landesweiten Verfolgung der Hugenotten, hörten die Bedrängten plötzlich rund um die Uhr himmlische Musik.

Besonders auffallend war das Phänomen nach der Zerstörung der Kirche von Orthez. Jeden Abend, meist zwischen acht und neun Uhr, fand in der Stadt ein ergreifend schönes himmlisches Konzert statt. Die Geschichte sprach sich herum wie ein Lauffeuer, und Scharen von Pilgern machten sich auf den Weg. Die bestürzten politischen Verfolger, die hinter diesem Konzert eine himmlische Stellungnahme zugunsten der Hugenotten vermuteten, waren schließlich gezwungen, das Betreten der Stadt bei einer hohen Geldstrafe zu verbieten.

Jesus und die zwölf Legionen

... Da gingen sie auf Jesus zu, ergriffen ihn und nahmen ihn fest. Doch einer von den Begleitern Jesu zog sein Schwert, schlug auf den Diener des Hohenpriesters ein und hieb ihm ein Ohr ab. Da sagte Jesus zu ihm:

»Stecke dein Schwert in die Scheide, denn alle, die zum Schwert greifen, werden durch das Schwert umkommen. Oder glaubst du nicht, mein Vater würde mir sogleich mehr als zwölf Legionen Engel zu Hilfe schicken, wenn ich ihn darum bitte?«

Matthäus 26,50b–53

Die gütige weiße Frau

Im neunzehnten Jahrhundert tauchen Engelsgestalten nur noch selten in Volkserzählungen auf – eine Folge der neuen »kritischen Vernunft«.

Nicht nur der Aberglaube an Hexen und andere dunkle Mächte schien überwunden, damit verbunden wurde auch der Glaube an die Macht der Engel immer schwächer. Er paßte nicht mehr in die moderne Zeit mit ihren rationalen Erklärungen und aufkeimenden Wissenschaften.

Allerdings lassen sich jahrtausendealte Überzeugungen nicht einfach ausradieren. Feen, weiße Frauen oder Jünglinge kamen nun hier und da ersatzweise zu Hilfe:

An einem bitterkalten Weihnachtsabend ging eine alte Austragsbäuerin von Pulst auf dem verschneiten Feldweg heim nach Marktschorgast. Der eisige Nordwind jagte ihr Schneegraupel ins Gesicht und eine Schneewehe nach der anderen über die Fuhre. Mit Aufwendung aller Kraft watete sie hindurch. Froh war sie, nachdem sie den Wald, der den beißenden Wind abhielt, erreicht hatte. Ganz erschöpft lehnte sie sich an einen Baum, um wieder zu Kräften zu kommen.

Da schwebte eine weißgekleidete Frau herbei und führte sie fürsorglich nach Hause. Dort heizte sie ihr das armselig eingerichtet Zimmer, stellte einen geschmückten Weihnachtsbaum auf den Tisch und legte reiche Gaben darauf. Nun tätschelte sie ihr das runzelige Gesicht.

Unter den gelispelten Worten: »Jetzt muß ich mich allen meiner großen Sippe zeigen und sie beglücken!« war sie verschwunden. Das Mütterchen erreichte bei gutem Auskommen und bester Gesundheit ein hohes Alter. Tagtäglich gedachte sie der gütigen weißen Frau und dankte Gott, daß er ihr durch sie helfen ließ.

aus der Heimatbeilage von Bengrath 1884,
erzählt von Elise Gleichmann

Gottes Speise

Die Brüder Grimm sammelten viele volkstümliche Texte, darunter auch die folgende Geschichte, die schon bei den berühmten Tischgesprächen des Martin Luther die Runde machte.

Im Vogtland, nicht weit von Zwickau entfernt, hat sich in einem Dorf zugetragen, daß die Eltern ihren kleinen Sohn in den Wald geschickt haben, um die Ochsen heimzutreiben. Der Knabe trödelte aber ein wenig. Da hat ihn die Nacht überfallen, und mit ihr hat ein großes Scheetreiben eingesetzt. Der Schnee fiel so dicht, daß er ringsum alle Berge bedeckt hat und der Knabe nicht aus dem Wald herausgelangen konnte.

Als er auch des folgenden Tags nicht heimgekommen ist, sind die Eltern in große Sorge geraten, nicht so sehr wegen der Ochsen, sondern wegen ihres Jungen, doch der Schnee lag inzwischen so hoch, daß sie haben nicht in den Wald dringen können.

Am dritten Tag, nachdem der Schnee etwas geschmolzen war, sind sie hinausgegangen, den Knaben zu suchen. Endlich haben sie ihn gefunden; er hat an einem sonnigen Hügel gesessen, an dem gar kein Schnee gelegen hatte. Als der Knabe seine Eltern gesehen hat, hat er sie angelacht, und als sie ihn gefragt haben, warum er nicht heimgekommen sei, hat er geantwortet, er hätte warten wollen, bis es Abend würde.

Er wußte gar nichts davon, daß schon ein Tag vergangen war, und es war ihm auch kein Leid geschehen. Als man ihn schließlich fragte, ob er etwas gegessen hätte, hat er berichtet, es sei ein Mann zu ihm gekommen, der ihm Käse und Brot gegeben habe.

So ist also dieser Knabe ohne Zweifel durch einen Engel Gottes gespeist und erhalten worden.

nach einer Erzählung der Brüder Grimm

Wo wir gehen und stehen,
sind wir zwischen Engeln und Teufeln.

Martin Luther

Die Weiße Frau im Schlosse

Es ist schon lange her! Dazumal war von den vielen Zimmern des Schlosses in Schnarchenreuth nur eine einzige Stube bewohnt. In ihr hausten zwei alte Taglöhnersleute, die auf das gewaltige Gebäude zu achten hatten. Dem Manne war schon einige Jahre hintereinander alle Male am gleichen Vollmond im Sommer in der Geisterstunde die Weiße Frau erschienen. Der von ihr ausgehende Glanz hatte ihn jeweils aufgeweckt. Sie stand stets eine Zeitlang mit gefalteten Händen unter der Stubentüre und verschwand dann.

Wieder einmal erwachte er mitternachts durch die von ihr ausstrahlende Helligkeit und betrachtete sie furchtlos. Da begann sie mit der Hand zu winken und machten ihm Gesten, daß er mitkommen solle. Als er ihr den Willen nicht gleich tat, schritt sie gebietend auf ihn los. Nun sprang er sofort vom Lager auf, bekleidete sich notdürftig und folgte der leuchtenden Gestalt durch den Hausgang in das geräumige Kellergeschoß. Hier führte sie ihn durch viele Gänge und Gewölbe ins Burgverlies. Dort hob sie einen kopfgroßen Stein aus dem Gemäuer und zeigte mit der Aufforderung in die Öffnung, daß er sich mitnehmen könne, soviel er wolle.

Aus der Nische gleißte ihm ein reicher Goldschatz entgegen. Von dem Reichtum war er ganz benommen, ergriff dies und das und legte es dann wieder an seinen Ort. Er wußte gar nicht, was er sich hiervon alles nehmen solle. Endlich ergriff er ein gülden Kettlein, an dem rote Korallen hingen und rannte damit zu seiner Frau; die wisse bestimmt besser, was man von dem vielen, vielen Zeug brauchen könne.

Hastig weckte er sie, schlug Licht, zeigte ihr das gülden Kettlein mit den rosenfarbenen Korallen und stammelte von dem Gesehenen. Hurtig begaben sie nun beide ins Burgverlies. Doch die Weiße Frau war verschwunden, das Loch in der Mauer geschlossen. Die Taglöhnersleute holten sich sogleich Werkzeuge und brachen den Stein wieder aus. Als sich der Schatz nicht vorfand, schlugen sie noch mehr Steine aus der Mauer und wühlten dann ein Loch, so groß wie ein Backofen in die Erde. Der Schatz war und blieb verschwunden, sooft sie auch in späteren Tagen nach ihm forschten. Von der Nacht an kam die Weiße Frau nimmer zu dem Tagelöhner. Neunmal war sie ihm erschienen. Seine Frau hielt das güldene Kettlein mit den roten Korallen lange treulich verwahrt, das sie sich der Leute wegen nicht umzuhängen getraute.

Von nun an hatten die Taglöhnersleute unter nichts mehr zu leiden und über nichts mehr zu klagen. Sie konnten ganz glücklich sein. Als der Mann hochbetagt gestorben war, band die Frau das güldene Kettlein einem Patenkinde um. Wer es besitzt, dem bringt es Glück, Gesundheit und langes Leben.

aus dem Frankenwald

»Es ist ein Segen, daß sich die Engel nicht darum kümmern, was die Menschen von ihnen denken, ob die Menschen an Engel glauben oder nicht. Sie können sich gar nicht darum kümmern, denn ihr ganzes Sein ist Auftrag, ist Botschaft... Von dem merkwürdigen Sein der Engel merkt man etwas, wenn man darauf achtet, wie die Menschen heute von ihnen reden. Sie glauben nicht mehr an Engel, schon jahrhundertelang nicht mehr, aber sie reden von ihnen, als seien sie da. Es steht damit ähnlich wie mit dem Reden von Gott.«

Claus Westermann

Ein Engel geht durch Samarkand

Die Journalistin Eva Windmöller würde gern an Engel glauben. Sie lebt seit langem in Amerika und hat dort die Engelstraditionen vieler Einwanderer mit Interesse, aber auch einem gewissen Neid registriert.

Der Mensch braucht dringend Engel. Ich habe keinen. Schade eigentlich. Dafür war ich selber mal einer, was ja nicht jeder von sich sagen kann. Allerdings stand die Geschichte, die in mein erstes Schuljahr in Essen zurückführt, unter keinem guten Stern. Es fing damit an, daß ich den brennenden Ehrgeiz wie auch das Talent vorweisen konnte, die Maria im Weihnachtsmärchen zu verkörpern, die Rolle aber nicht bekam, weil meine Freundin Grete mit ihren langen blonden Zöpfen vom Typ her geeigneter erschien als ich mit meinem braunen Pagenkopf. Ich durfte statt dessen einen Engel spielen, den links von der Krippe. Ich trug ein weißes Kleid und zwei Flügel, die an hosenträgerartigen, vor zur Schleife verknoteten Gummibändern befestigt waren. Bei der Generalprobe mit Schülerpublikum irritierte es die Marien-Darstellerin zunehmend, daß ihre Sätze in nur schwach unterdrücktem Gekicher untergingen. Sie konnte ja nicht wissen, daß ich jedesmal, wenn sie zu einem Text ansetzte, die Aufmerksamkeit der Aula durch Ziehen an meinen Gummibändern auf mich lenkte. Zur Genugtuung der weinenden Protagonistin wurde ich anschließend »wegen zu heftigen Flügelschlagens« aus dem Stück entfernt.

Weihnachtsengel, Rauschgoldengel, Engelchöre. Was lernten wir auf der Schule über Engel? Nicht viel. Sie waren einfach da. Sie fingen an, die Kindheit zu bevölkern, vor allem in Häusern, reich an Bildern, Büchern und Musik. Sie kamen vom Himmel, deshalb sangen sie so himmlisch aus ihren runden Mündern, und daß sie fliegen konnten, war wunderbar. Sie kamen, so stand es in der Bibel, als Boten Gottes auf die Erde, um seine Herrlichkeit zu bezeugen und seine helfende Nähe.

Die Engel meiner Kindheit erschienen mir überwiegend weiblich, schon wegen der langen Haare und der langen Kleider. Später faszinierte mich die Vorstellung, daß der Teufel ein gefallener Engel war. Es dämmerte mir, wohin das Leben führen kann. Kirchen erwiesen sich als die beste Fundgrube für Engel. Mit den gotischen konnte ich mich nicht anfreunden, sie waren mir zu streng und zu schmal. Aber die Italiener! Speziell die Italiener der Renaissance! Wann immer sich die Gelegenheit bot, suchte ich in Kirchen oder Museen nach einer Verkündigungsszene. Was für ein mysteriöses, psychologisches Drama lief da unterhalb der traditionellen Darstellung ab: ein privater Raum, Morgenlicht, Ausblicke auf eine Landschaft, rechts Maria, das Haupt geneigt wie in der Vorahnung des Ungeheuerlichen, das sie gleich aus der Bahn werfen wird; links, das Knie gebeugt, Erzengel Gabriel mit seiner Botschaft von der Geburt des Gottessohnes, der die Menschen durch seinen Tod erlösen wird. Und er hat viele Gesichter, mitfühlend, einfühlsam, schwesterlich, brüderlich, fordernd, befehlend. Gabriel als Frau, Gabriel als Mann. Engel sind geschlechtslos.

Am 2. Oktober schmücken die Bewohner von Little Italy eine der Seitenstraßen mit Lichterketten und Girlanden und feiern ihr Schutzengelfest. Wo so viel geballert wird wie mittlerweile in New York, steigt der Bedarf natürlich sprunghaft. Mit dem Engel des Schlafzimmerbildes, der das Kind sicher über eine morsche Brücke führt, ist nicht mehr viel zu bestellen. Ich habe nie viel mit ihm anfangen können. Mein Engel muß anders sein. Wie denn etwa? Jung. Sensibel. Ein geschlechtsloser Knabe, um im Terminus der Angelologie zu bleiben. Er müßte mich ja nicht führen, das wäre für beide zu langweilig, und sehen kann ich auch noch selber. Mich hat gestern auf dem Long Island Expressway ein Verkehrsschild in Erstaunen versetzt, das die Aufschrift »Wrong Way!« trug. Vielleicht könnte mein Schutzengel mir gelegentlich so ein Schild an eine der Gabelungen des Lebensweges stellen, das wäre schon ganz hilfreich.

Engel, gibt's die? Objektiv vielleicht nicht, subjektiv schon. Das liegt – wie so vieles – im Auge des Betrachters. Warum fällt mir gerade jetzt das Gedicht ein, das ein zynischer Freund gern zitiert? Es paßt überhaupt nicht hierher, aber gut:

Ein Engel geht durch Samarkand,
führt ein Kamel am Halfterband.
Der Engel hat ein krummes Bein,
es wird wohl gar kein Engel sein.

Die Klage eines Engels

O wüßtest du,
wie sehr dein Antlitz sich verändert,
wenn du mitten in dem Blick,
dem stillen reinen, der dich mir vereint,
dich innerlich verlierst und von mir kehrst!
Wie eine Landschaft, die noch eben hell,
bewölkt es sich und schließt mich von dir aus.
Dann warte ich.
Dann warte schweigend ich oft lange.
Und wäre ich ein Mensch wie du,
mich tötete verschmähter Liebe Pein,
so aber gab unendliche Geduld
der Vater mir,
und unerschütterlich erwarte ich dich, wann immer du
kommst.
Und diesen sanften Vorwurf selber nimm als Vorwurf
nicht,
als keusche Botschaft nur.

Christian Morgenstern

Der Schutzengel

Der Schutzengel: die Sympathie, wir brauchen ihn immerzu. Wir haben ihn als Kind, sonst wären wir längst überfahren, wir wachsen damit auf, wir verlassen uns auf ihn – und dabei ist es nur ein Hauch, was uns schützt, was uns von dem Ungeheuerlichen trennt, von dem Rettungslosen, wo nichts mehr für dich zeugt, kein eigenes Wort, keine eigene Tat...

Max Frisch

Engel, gibt's die?

Luisa Francia lebt mit ihrer Tochter auf dem Land bei München. Sie ist Schriftstellerin und Malerin, lehrt Tanz und Imagination.

Als Kind saß ich meinem Schutzengel immer auf dem Schoß, ich war mondsüchtig und verbrachte viele Nächte träumend auf dem Fensterbrett. Mein Schutzengel hieß Elisabeth, das war damals mein Lieblingsname. Ab 1968 kamen Engel aus der Mode, und mein Schutzengel wurde sehr blaß, weil ich mich weigerte, ihm Farbe zu geben. Dennoch holte er mich aus einem besetzten Haus, kurz bevor es mit einiger Brutalität von der Polizei geräumt wurde.

Das Wunderbare an Engeln ist, daß ihnen jeglicher Sinn für Pädagogik fehlt. Sie sind einfach da mit diesem Wissen, daß geschieht, was geschieht, weil sich von den verhängnisvollsten Dingen sowieso nie jemand abhalten läßt. Ich gebe zu, daß ich die Engel vor allem rufe, wenn's brennt, zum Beispiel... als die Ölfelder nach dem Golfkrieg brannten.

Ich deckte eine Tafel für meine Engel und für mich und bat sie, die Löschung zu beschleunigen, was sie auch umgehend taten (natürlich stand in der Zeitung, daß es allein Red Adairs Verdienst war – und sein Verdienst will ich hier gar nicht schmälern!). Ich malte dafür ein Bild, das »Die Ankunft der Engel« hieß und mein Lieblingsbild wurde.

Daß ich nicht zu den Müttern gehörte, die nachts fingernägelkauend auf ihre Töchter warten, hat auch mit den Engeln zu tun. Wir haben vereinbart, daß sie ein bißchen aufpassen. Schließlich kann ich nicht überall sein, und das ist auch gar nicht wünschenswert.

Obwohl viele Menschen davon sprechen, daß Kinder einen Schutzengel haben, nimmt doch kaum jemand Kontakt zu Engeln auf.

Manchmal erscheinen Engel in ungewöhnlicher Gestalt. Ich sollte vielleicht erzählen, wie es war, als meine Mutter einen Engel traf. Sie fuhr im Zug durch Spanien. An irgendeinem Bahnhof war plötzlich ihre Handtasche weg, in der sich alles befand, was sie zum Reisen brauchte: Paß, Geld, Scheckkarte, Buch, Verpflegung, einfach alles. Obwohl sie mit dem Schaffner alles absuchte, tauchte die Tasche nicht auf. Eine älter Dame setzte sich zu ihr und bemerkte ihren aufgelösten Zustand. Sie stand auf, ging zwei Sitze weiter und zog die Handtasche meiner Mutter unter der Reisetasche eines Reisenden hervor, der sehr betroffen tat. Und das seltsame war, daß diese freundliche Frau sich dann einfach in Luft auflöste. Noch ehe meine Mutter sich bedanken konnte, war sie einfach nicht mehr da.

In letzter Zeit pflege ich zu den Engeln fast nur noch freundschaftlichen Kontakt. Ich habe aufgehört, ihnen Aufträge zu geben, und sitze dafür gelegentlich nachts mit ihnen auf dem Balkon, wo wir uns über die Sterne und das Einatmen des Universums unterhalten. Wir sind uns darüber einig, daß Phlox wunderbar riecht.

KAPITEL II

HIMMLISCHE RATGEBER

Im Auftrag der Engel – Johanna von Orleans

»Ich habe nichts getan als nur im Auftrag Gottes und seiner Engel«, so verteidigte sich 1431 Jeanne d'Arc, die »Jungfrau von Orléans«. Trotzdem wurde sie im Prozeß von Rouen zum Tode verurteilt und auf dem Scheiterhaufen verbrannt.

Schon mit 13 Jahren hat das am 6. Januar 1412 in Domrémy an der Maas (südwestlich von Nancy in Lothringen) geborene Kind der Bauersleute Jacques und Isabella d'Arc Erscheinungen gehabt, bei denen sie den Erzengel Michael und dann die beiden Heiligen Katharina und Margarita schaute und von ihnen den Auftrag des »Königs des Himmels« mitgeteilt bekam, das französische Königreich, das unter die Herrschaft Englands geraten war, zu befreien und seinen rechtmäßigen König zur Krönung zu führen.

Lange blieb das Bild der Jungfrau von Orléans verzerrt: die einen verehrten sie als ein fast göttliches Wesen, die anderen verfluchten sie als ein dämonisches Weib. Der Zugang zur wirklichen Johanna wurde erst möglich, nachdem J. Quicherat 1849 die noch erhaltenen Prozeßakten in fünf Bänden veröffentlicht hatte.

Jeanne d'Arc selbst schildert ihre Engelserscheinungen auf Befragung durch ihre Richter in folgender Weise: »Als ich 13 Jahre alt war, hatte ich eine Stimme (gehört), die von Gott kam, um mich zu leiten. Das erste Mal hatte ich große Furcht. Die Stimme kam zur Mittagsstunde; es war im Sommer, im Garten meines Vaters. Ich hatte den Tag zuvor gefastet. Ich habe die Stimme gehört mir zur Rechten, von der Seite der Kirche (von Domrémy) her...

Fast immer begleitet die Stimme eine große Helligkeit. Dieses Licht kommt von derselben Seite, von der man die Stimme vernimmt. (...) Mir schien die Stimme erhaben. Ich glaube, sie war mir von Gott geschickt. Beim dritten Anruf wußte ich: Es war die Stimmes eines Engels. Die Stimme hat mich immer recht geleitet, und ich habe sie immer verstanden (...)

Zwei-, dreimal in der Woche sagte mir die Stimme, daß ich, Johanna, nach Frankreich gehen müßte, und zwar so, daß mein Vater nichts von meinem Aufbruch wüßte (...)«

Auf die Frage des Richters, ob sie den heiligen Michael und die Engel leibhaftig und wirklich gesehen habe, sagte die Jungfrau von Orléans: »Ich habe sie mit meinen Augen gesehen, wie ich Euch alle sehe. Als sie mich verließen, weinte ich, denn ich wünschte, sie hätten mich mit sich fortgenommen.«

Auf die Frage des Richters, welches Aussehen der heilige Michael gehabt habe, als er ihr erschien, lautete die Antwort Johannas: »Ich habe ihn nicht mit der Krone gesehen. Von seinen Gewändern weiß ich nichts.« Ob er nackt gewesen

Die Verkündigung an Maria. El Greco (1596 – 1600)

Der Erzengel Rafael und Tobias (Ausschnitt). Andrea del Verrocchio, (15. Jahrhundert)

Das Engelskonzert. Ausschnitt aus dem Isenheimer Altar des Mathias Grünewald (1512 – 1516)

oben: Die Engel geleiten eine Seele durch den mystischen Mutterleib zurück ins Reich des Lichts. Spanische Grabplatte (o. J.)

rechts: Vision des Jüngsten Tages. Bamberger Apokalypse (15. Jahrhundert)

unten: Zwei indianische Engel holen „Schwarzer Hirsch"

Die Göttin Isis als Engel umarmt die Gläubigen mit ihren Flügeln.
Altägyptisch

Die Verkündigung an Maria. Hans Memling (1482)

Der Traum Jakobs von der Himmelsleiter.
Fresko von Raffael (1517 – 1519)

sei? Darauf sagte sie fast schnippisch: »Meint Ihr, Gott habe nichts, ihn zu bekleiden?«

»Hatte er Haare?«

»Warum sollte man sie ihm abgeschnitten haben?«

»Hatte er eine Waage?«

»Ich weiß es nicht. Ich habe jedenfalls eine große Freude, wenn ich ihn sehe. Es scheint mir, wenn ich ihn sehe, so bin ich nicht im Stand der Todsünde...«

Ob Johanna dem heiligen Michael und den Engeln Ehrfurcht erwiesen habe, wenn sie sie sah? »Ja – wenn sie gegangen waren, habe ich die Stelle geküßt, auf der sie gestanden oder wo sie verharrt hatten.«

»Blieben sie lange bei Euch?«

»Sie erschienen oft mitten unter den Gläubigen, ohne daß man ihrer gewahr wurde.«

Der abschließende Dialog zwischen Johanna und ihrem Richter sei im vollen Wortlaut wiedergegeben:

Richter: »Habt Ihr ein Zeichen, daß Eure Erscheinungen gute Geister sind?«

Johanna: »Der heilige Michael verbürgte es, noch ehe die Stimmen kamen.«

Richter: »Wieso wußtet Ihr, daß es der heilige Michael war?«

Johanna: »Durch die Redeweise und Sprache der Engel; ich glaube fest, daß es Engel waren.«

Richter: »Woher wußtet Ihr, daß dies die Sprache der Engel war?«

Johanna: »Ich habe es bald geglaubt, und ich habe es willig geglaubt. Als mir der heilige Michael erschien, sagte er mir, daß die heilige Katharina und die heilige Margarita zu mir kämen und daß ich tun sollte, wie sie mir raten würden; daß sie den Befehl erhalten hätten, mich zu leiten und zu beraten; daß ich ihnen glauben sollte und daß es auf Befehl Unseres Herrn sei.«

Richter: »Und wenn sich der Böse in Gestalt oder Aussehen eines Engels zeigte, wie erkänntet Ihr ihn?«

Johanna: »Ich würde genau erkennen, ob es wahrhaftig der heilige Michael wäre oder ein betrügerischer Nachahmer. Das erste Mal zweifelte ich wohl, ob das der heilige Michael sei. Und das erste Mal hatte ich große Furcht; ich mußte ihn mehrere Male sehen, ehe ich wußte, daß es der heilige Michael war.«

Richter: »Warum habt Ihr es in jenem Augenblick eher geglaubt als beim ersten Mal?«

Johanna: »Das erste Mal war ich noch ein Kind und hatte Angst. Dann belehrte er mich und zeigte mir so viele Dinge, daß ich fest glaubte, daß er es war.«

Richter: »Worüber belehrte er Euch?«

Johanna: »Vor allem hieß er mich, ein gutes Kind zu sein, und Gott würde mir helfen. Und unter anderem sagte er mir, daß ich dem König von Frankreich zu Hilfe kommen solle. (...) Und der Engel berichtete mir von dem großen Elend, in dem Frankreich war.«

Richter: »In welcher Art und Gestalt, Größe und Kleidung ist Euch der heilige Michael erschienen?«

Johanna: »Er erschien mir als wahrer Edelmann. Über seine Kleidung und das übrige sage ich nichts mehr. Ich glaube an die Worte und Werke des heiligen Michael, der mir erschienen ist, ebenso fest, wie ich glaube, daß Unser Herr den Tod und die Passion für uns erlitten hat. Das, was mich geführt hat, ist der gute Rat, der Trost und die Lehre, die er mir anvertraut und gegeben hat.«

Man hat von gegnerischer Seite, wie damals beim Prozeß so bis herauf in die jüngste Vergangenheit, die verschiedensten Hypothesen gegen die Echtheit der Engelserscheinungen, die der heiligen Jeanne d'Arc zuteil wurden, vorgebracht. Für die Echtheit dieser Engelserscheinungen aber sprechen mindestens folgende Tatsachen:

1. Jeanne d'Arc war, wie Ärzte urkundlich versichert haben, ein körperlich und geistig durch und durch gesundes Bauernmädchen, zu dessen kühler Überlegungsfähigkeit und zu dessen nüchternem, jeder Schwärmerei abholdem Charakter Wachträume gar nicht passen.

2. Die der Jeanne d'Arc zuteil gewordenen Offenbarungen in den Stimmen, die sie vernahm, haben ganz konkrete Aufträge enthalten: Sie sollte Orléans befreien und den Kronprinzen zur Krönung führen. Man kann nicht annehmen, Jeannes Unterbewußtsein habe sich dies gewünscht, denn das Gegenteil ist der Fall. Die Rettung des vom Untergang bedrohten Vaterlandes war eine so ungeheure Aufgabe, daß dieses halbwüchsige Landmädchen vor ihr zurückbebte. (...) »Ich bin ja nur ein armes Mädchen und verstehe nichts vom Reiten und Kriegführen.«

3. Die Strategie, die sie zur Ausführung brachte, war, wie B. Shaw einmal erklärt hat, »ein militärisches und politisches Meisterstück, das Frankreich gerettet hat«; Staatsmänner und Feldherren von großem Format hätten damals keine besseren Mittel finden können. Es ist darum völlig ausgeschlossen, daß dies alles dem Kopf eines unwissenden Landmädchens entsprungen ist, es muß hier vielmehr eine höhere Macht dahinter gewesen sein.

4. Obwohl sich Jeanne d'Arc durch den Erzengel Michael von Gott zu der ihr übertragenen Sendung berufen wußte, schwieg sie über dieses ihr Geheimnis. Eine Hysterikerin hätte sofort alle Welt mit ihren angeblichen Visionen und Erscheinungen bekannt gemacht, Jeanne d'Arc aber zog trotz ihres jugendlichen Alters, das doch zu großer Mitteilsamkeit neigt, weder ihre Mutter noch ihren Beichtvater ins Vertrauen. Vier Jahre lang hat sie ihre Visionen in ihrem Herzen verschlossen; Karl VII., dem sie, wie ihr die 'Stimmen' befahlen, den ganzen Inhalt ihrer Offenbarungen mit-

teilte, blieb der einzige Mensch, der sie erfuhr. Auch später schwieg sie darüber. Und selbst die Richter, die sie mit unaufhörlichen Fragen quälten und Antworten erzwangen, konnten ihr nur Bruchstücke aus ihrer Offenbarungswelt entreißen.

5. Die Tatsache, daß ein siebzehnjähriges Mädchen ohne fachliches Wissen, ohne führende Stellung und ohne Hilfe von seiten des Königshofes so gewaltige Taten vollbrachte, unterstreicht den übernatürlichen Charakter ihrer Sendung. Merkwürdig ist dabei auch noch, daß sie viele Ereignisse, auch kleinste Vorkommnisse, auf Grund der Mitteilung durch die gehörten 'Stimmen' vorausgesagt hat. (...)

Der Priester Jean Massieu, Pfarrer der Kirche Saint-Candé-le-Vieux zu Rouen, aber wußte vom Sterben der heiligen Jeanne d'Arc zu berichten: »Sie begehrte noch das Kreuz der Kirche Saint-Sauveur; sie erhielt es und umschlang es weinend. Sich Gott, dem heiligen Michael, der heiligen Katharina und allen Heiligen anheimgebend, drückte sie ein letztes Mal dieses Kreuz an sich und empfahl sich den Umstehenden, dann stieg sie von ihrem Gerüst herunter (hinein in den brennenden Scheiterhaufen). Jean Fleury, der Kanzlist des Amtsmannes, sagte uns danach, der Henker habe nach seinen eigenen Erklärungen festgestellt, daß trotz der Verbrennung des Körpers, der bald in Asche verwandelt war, Johannas Herz unversehrt geblieben war und blutgefüllt. Man hieß mich, die Asche und das, was von ihr verblieben war, zu sammeln und alles in die Seine zu werfen. Was ich getan habe« (...).

Wie die heilige Pfeife zu den Indianern kam

»Ist nicht der Himmel ein Vater und die Erde eine Mutter, und sind nicht alle lebenden Dinge mit Füßen oder Flügeln oder Wurzeln ihre Kinder?«

Schwarzer Hirsch (1863–1950),
letzter großer Seher der Ogalalla-Sioux

Schwarzer Hirsch , indianische Weise, den Namen zu schreiben

Es gibt eine Geschichte, die erzählt, wie die Pfeife zuerst zu uns gekommen ist. Vor sehr langer Zeit, sagen sie, sahen zwei Kundschafter nach Büffeln aus; und als sie auf der Kuppe eines hohen Hügels angelangt waren und nach Norden spähten, sahen sie von weit her etwas auf sie zukommen; als es nahte, riefen sie: »Das ist eine Frau!« – und so war es. Da stiegen in dem einen von den Kundschaftern, der töricht war, böse Gedanken auf, und er sprach sie aus; der der andere sagte: »Das ist eine heilige Frau; laß alle schlimmen Gedanken fahren.« Als sie noch näher gekommen war, da sahen sie, daß sie ein Kleid aus feinem weißem Wildleder trug, daß sie sehr langes Haar hatte und jung und schön war. Und sie kannte ihre Gedanken, und mit einer Stimme, die wie Gesang tönte, sprach sie: »Ihr kennt mich nicht, doch wollt ihr tun, was ihr gedacht habt, so kommt.« Und der Törichte kam; doch als er vor ihr stand, erschien eine weiße Wolke und hüllte beide ein. Und die junge schöne Frau trat aus der Wolke hervor, und als diese sich verzog, war der törichte Mann ein mit Schlangen bedecktes Gerippe. Da sprach die Frau zu dem, der nicht töricht war: »Du sollst heimgehen und deinen Leuten sagen, daß ich komme, und daß in der Mitte eures Volkes ein großes Zelt für mich errichtet werden soll.« Und der Mann, den große Furcht erfaßt hatte, ging eilig. Er erzählte den Leuten, die sogleich taten, was sie geheißen worden; dann standen sie rings um das große Zelt und erwarteten die heilige Frau. Nach einer Weile schritt sie heran, sehr schön und mit Gesang; und dies ist, was sie sang, als sie das Zelt betrat:

»Mit sichtbarem Atem ich wandre.
Wie ich gehe, sende ich eine Stimme.
Auf heilige Weise ich wandre.
Mit sichtbaren Spuren ich wandre.
Auf heilige Weise ich wandre.«

Und als sie sang, trat aus ihrem Mund eine weiße Wolke; die hatte einen angenehmen Duft. Dann übergab sie dem Häuptling etwas. Das war eine Pfeife; auf deren einer Seite war ein Büffelkalb eingegraben, das die Erde bedeutete, die uns trägt und nährt, und von dem Rohr hingen zwölf Adlerfedern, die mit unzerreißbarem Gras zusammengebunden waren. Sie bedeuteten den Himmel und die zwölf Monate. »Schau her!« sagte sie. »Damit werdet ihr zu einem zahlreichen und guten Volk werden. Nichts als Gutes kann daraus kommen. Nur die Hände der Guten sollen damit umgehen, und die Schlechten sollen es nicht einmal erblicken.« Darauf sang sie wieder und verließ das Zelt; und als die Leute ihr, wie sie wegging, nachschauten, war es plötzlich ein weißer Büffel, der davonrannte; und bald war nichts mehr zu sehen. Das erzählte sie, und ob es sich so zugetragen hat, das weiß ich nicht; doch wenn man darüber nachdenkt, kann man erkennen, daß es wahr ist.

Schwarzer Hirsch

Seraph

Ein Wort, das dir ein Engel in dein eigenes Herz gelegt hat,
ist für deine Seele heilsamer als tausend Worte,
durch das Ohr von außen her vernommen!
Denn was du im Herzen vernimmst,
ist schon dein Eigentum;
was du aber von außen her vernimmst,
das mußt du dir erst zu eigen machen.

Jakob Lorber

Einer, der uns nüchtern
nach unserem Woher
und Wohin fragt
und uns sehr gegen
unseren Willen
dahin zurückschickt,
wo wir eben davonlaufen wollten,
kann ein Bote Gottes,
ein Engel sein.

Sören Kierkegaard

Die Engel im Findhorn-Garten

»Ja, ich rede mit Engeln, großartigen Wesen, deren Leben die ganze Natur durchdringt und erschafft. In einer anderen Zeit und Kultur wäre ich vielleicht in einen Orden oder einen Tempel eingesperrt oder, weit unangenehmer, auf dem Scheiterhaufen verbrannt worden. In unserer skeptischen Zeit und Kultur ist es wahrscheinlicher, daß eine solche Behauptung auf spöttischen Unglauben trifft und als Phantasterei einer Träumerin abgetan wird.

Als praktischer Mensch, der mit beiden Beinen auf der Erde steht, hätte ich niemals gelernt, mit Engeln zu sprechen, noch hätte ich mir je vorgestellt, daß solch ein Kontakt möglich oder nützlich sein könnte. Aber als diese Kommunikation dann einsetzte, geschah das auf solche Art und Weise, daß ich daran nicht zweifeln konnte. Konkrete Beweise entstanden mit dem Findhorn-Garten, der die Grundlage für die Entwicklung der Findhorn-Community wurde. Der Garten wurde auf Sand angelegt und entstand unter Bedingungen, die kaum dazu ermutigten, irgend etwas anderes als widerstandsfähige schottische Büsche und Grasarten anzupflanzen, die nur wenig Feuchtigkeit und Nährstoffe benötigen. Durch meinen telepathischen Kontakt mit den engelhaften Wesen, die das Pflanzenwachstum überstrahlen und lenken, erhielten wir jedoch spezifische Anweisungen und spirituelle Unterstützung.

Der so entstandene Garten, in dem dann selbst tropische Pflanzenarten wuchsen, war so erstaunlich in seinem Wachstum und seiner Lebensfülle, daß Bodenexperten und Hortikulturisten, die den Garten besichtigten, nicht in der Lage waren, irgendwelche Erklärungen dafür zu finden, und schließlich die unorthodoxe Interpretation von Engelshilfe akzeptieren mußten.«

Die Frau, die hier davon spricht, Kontakt mit spirituellen Wesen zu haben, von denen sie Botschaften übernimmt, ist Dorothy Maclean. Dorothy Maclean war, bevor der Garten im schottischen Findhorn aufblühte, Sekretärin im Cluny-Hill-Hotel in Findhorn gewesen. Als die Hotelgesellschaft das Führungspersonal des Hotels über Nacht auf die Straße setzte, war auch sie davon betroffen. Zusammen mit dem entlassenen Hotelmanager Peter Caddy, dessen Frau Eileen und ihren drei Kindern richtete sie sich notdürftig auf dem Campingplatz des Ortes ein. Das war am 16. November 1962. Kurz darauf empfing Eileen Caddy eine Botschaft:

Nimm einfach an, was geschieht. Wisse, daß ich nicht zulassen würde, daß euch etwas geschieht, denn ihr seid kostbar für mich. Alles, was du bisher erlebt hast, hat dich hierher geführt... Ein ganz klarer Plan geht durch alles, was du bisher erlebt hast. Was dir heute als großes Unglück erscheint, ist in Wirklichkeit die wunderbarste Segnung... Ihr werdet feststellen, daß eure Körper mehr und mehr verfeinert werden, wie auch die Zuführung fester Nahrung an Wichtigkeit verliert. Bald werdet ihr beginnen, eure Nahrung aus dem Licht der Sonne und aus der Luft aufzunehmen, wie auch eure Körper immer mehr gereinigt werden... Ich habe dich bis hierher geführt, in ein Leben, wo Frieden und Schönheit dich umgeben, wo die Luft rein ist und das Leben einfach. Du bist besonders gesegnet. Nimm diesen Segen an, pack an, tue meine Arbeit, und laß meinen Frieden und meine Liebe dein sein allezeit, Geschenke von mir, deinem himmlischen Vater...

Gewöhnt euch Schritt für Schritt daran, mehr Gemüse und Früchte zu essen. Euer Organismus wird sich an sie gewöhnen und nichts mehr anderes verlangen. Wisset auch, daß alles, was ihr tut, sei es die Nahrung, die ihr eßt, die Arbeit, die ihr vollbringt, das Licht der Sonne und die frische Luft, die ihr aufnehmt, oder die Harmonie, in der ihr zusammenwirkt, alles euch voranträgt, hinein in das Neue. Das Alte ist vergangen.

Sage Peter, daß alle Arbeit und Mühe, die er in diesen Platz steckt, Frucht tragen wird, Frucht in Überfülle.

Doch nicht nur Eileen, auch Dorothy war sensitiv begabt. Jahrelang hatte sie die meditativen und körperlichen Techniken des Sufismus – einer dem Islam verbundenen Mystik – geübt. Eines Tages begann sie, »innere Stimmen« zu hören. Als sie davon erzählte, galt sie bald als Verrückte und teilte damit das Schicksal so vieler Mysti-

ker des 20. Jahrhunderts. In dieser Phase stieß sie auf die Caddys und nahm dankbar die Weisungen von Eileens »Führung« an. Im Frühjahr 1963 legten sie gemeinsam den Garten von Findhorn an.

Am 8. Mai empfing Dorothy in der Meditation eine Botschaft:

»Für die, die einen Einblick in das Leben haben, hat alles seinen Sinn. Es ist zum Beispiel ein Sinn hinter dem unablässigen Wehen des Windes... Für die, die Augen haben zu sehen, steht alles an seinem Platz. Die Kräfte der Natur sind etwas, in das man sich hineinfühlen muß, worum man sich bemühen muß... Es wird nicht so schwierig sein, wie du es dir jetzt vorstellst, denn die Wesen dieser Kräfte sind glücklich, eine freundliche Kraft zu fühlen... In alle Kraft mußt du dich einfühlen, auch in die Sonne, den Mond, das Meer, die Bäume, sogar das Gras. Alle sind sie Teil meines Lebens. Alles ist ein Leben. Übernimm deine Rolle, mache das Leben wieder eins, mit meiner Hilfe... Ihr sollt den Garten in echter Zusammenarbeit anlegen; denkt dabei auch an die Naturwesen, die höheren Naturgeister und die Geister anderer Körper, wie zum Beispiel die Geister der Wolken, des Regens, der verschiedenen Gemüsearten. In der neuen Welt wird ihr Reich den Menschen ganz eröffnet sein – oder ich sollte eher sagen: die Menschen werden ihrem Reich ganz offen sein. Öffne dich und gehe mit Sympathie und Verständnis dem herrlichen Reich der Natur entgegen. Wisse, daß diese Wesen des Lichtes bereit sind, zu helfen, aber sie sind scheu und argwöhnisch gegenüber Menschenwesen.«

Dorothy erhielt konkrete Anweisungen oder Warnungen, wie und wann sie gießen, düngen, pflanzen und ernten sollte. Andere Botschaften halfen ihr und den anderen, die Wesen, die ihnen geschickt worden waren, und die Gesetze der Natur besser zu verstehen. Ihre Botschafter nannten sich »Devas« – die Strahlenden, Leuchtenden. Sie wirkten mit anderen geistigen Wesen (Elementarwesen, Naturgeistern, Elementseelen, Naturseelen) zusammen und gaben Energie an diese ab. So hielten sie das Leben in der Natur in Gang und steuerten es.

Viele Skeptiker fuhren nach Findhorn und kamen »bekehrt« zurück, so wie der Amerikaner Paul Hawken:

»In der Presse und anderen Medien kamen immer wieder Berichte über eine kleine Gemeinschaft im Norden Schottlands namens Findhorn, wo Menschen mit erstaunlichen Erfolgen zu Pflanzen sprächen...: Vierzig-Pfund-Kohlköpfe, zweieinhalb Meter hoher Rittersporn, Rosen, die im Schnee blühen – das alles zusammen im nördlichsten Schottland... Mit solch vagen und unglaublichen Schilderungen verließ ich die Vereinigten Staaten und fuhr nach Findhorn, um diese Gärten selbst in Augenschein zu nehmen. Was ich fand, war noch größer als ein Vierzig-Pfund-Kohl; Feen und Elfen wurden harmlos, verglichen mit dem, was ich dort erlebte... Peter Caddy sagte einmal: »Du kannst Findhorn nicht beschreiben – die Menschen müssen es selbst erleben, um es zu verstehen... Wir demonstrieren hier in der Tat Gottes Plan, und zwar recht konkret... Wir geben dem Glauben Gestalt! Wir verkörpern, wir leben ihn! Es ist so wichtig, daß die Menschen sehen, daß das funktioniert, daß der Mensch alles, was er braucht, erhalten kann, wenn er nur bereit und willens ist, sein Leben Gott zu übergeben. Schau doch den Garten an. Wir haben jahrelang kein Wort gesagt über Devas, Elfen oder Pan. Wir behielten das für uns, weil wir wußten, die Leute würden es nicht verstehen, bevor sie es nicht gesehen hätten.«

Die weitere Aussage eines Findhorn-Besuchers soll nun den Eindruck über den Garten und die dortige Gemeinschaft abrunden. Dieser Text entstammt der Denkschrift des Anthroposophen und Pädagogen Sir George Trevelyan:

»An Ostern 1968 war ich bei Peter Caddy, der mit einer kleinen Gruppe von Freunden auf dem Wohnwagen-Platz an der Findhorn-Bay bei Moray, Schottland, lebt. Ihre Caravans sind umgeben von einem zauberhaften Garten. Ich sah Osterglocken und Narzissen, so groß wie nie zuvor, in Beeten, die mit anderen Blumenarten gedrängt voll waren. Ich bekam von den besten Gemüsen zu kosten, die ich je kennengelernt hatte. Eine junge Kastanie von zweieinhalb Metern war die Hauptattraktion, sie sprühte geradezu von Lebenskraft.

Obstbäume aller Arten standen in Blüte. Kurz gesagt, dies ist einer der gesündesten und ertragreichsten Kleingärten, die ich je gesehen habe, in Geschmack von Gemüse und Früchten wie in der Farbenpracht der Blumen nicht zu übertreffen. Viele Arten von Laubbäumen und Sträuchern gedeihen prächtig, obwohl der Platz auf der Landseite einer großen Sanddüne liegt.

Der Boden – Sand und Kies – bringt sonst nur hartes Gras hervor. Direkt gegenüber liegt Culbin Sands, wo nach fünfzig Jahren gärtnerischer Bemühungen endlich anspruchslose Koniferengewächse Fuß gefaßt haben und die Dünen zusammenhalten, so daß zähe Grasarten nun den Sand überziehen können. Andere Caravan-Camper, von dem blühenden Gedeihen um die Wohnwagen ihrer Nachbarn angeregt, pflanzten auch Kohl und Narzissen; miserable, dürftige Pflänzchen nur kamen zum Vorschein. Caddy spricht von einem vierzigpfündigen Kohlkopf, den er geerntet habe!...

Das neue an Findhorn ist, daß wir es hier mit einer Gruppe absoluter Laien zu tun haben, die ganz von vorne mit der Gärtnerei anfingen, wobei sie von Beginn an ganz bewußt ihr Tun auf die Zusammenarbeit mit der Welt der Devas gründeten, mit der sie in unmittelbarem gedanklichen Kontakt stehen.

Ein anderer Freund der Caddys, ein älterer Herr, den sie Roc nennen, steht dem Werk dort sehr nahe; sein Bewußtsein ist der Welt der Elementarwesen geöffnet. Seine Fähigkeit, mit diesen Wesenheiten zu ‚sprechen', ist daher vergleichbar mit der Möglichkeit Dorothys, mit den Devas zu kommunizieren und Eileens Verbindung mit der höchsten Göttlichen Quelle. Diese Gruppe, zusammen mit Caddy selbst, der die praktische Arbeit verrichtet und leitet, bildet ein harmonisches Team, das die Möglichkeit der Zusammenarbeit verschiedener Welten durch die Tat demonstriert. Sie beweisen buchstäblich, daß auch die Wüste aufblühen kann wie eine Rose.

Die erstaunlich kurze Zeitspanne, in der dies erreicht werden kann, wird hier ebenfalls vor Augen geführt. Wenn dies in Findhorn so schnell möglich ist, muß es auch in der Sahara möglich sein. Wenn genügend Menschen bereit wären, diese Kooperation bewußt in der Tat zu nutzen, könnte in den unfruchtbaren Gebieten unserer Erde Nahrung in Fülle angebaut werden. Denn es gibt im Grunde genommen keine Grenze mehr, wenn der ‚Faktor X' vor allen bekannten biologischen Anbaumethoden ins Spiel gebracht wird.«

Der Engel der Ungeduld

Zumindest einmal im Leben begegnet jeder von uns seinem Engel, meint der Wiener Poet André Heller. Dieser Engel will uns auf die wesentlichen Dinge in unserem Leben hinweisen. Wir müssen ihn allerdings rechtzeitig erkennen, sonst fliegt er einfach wieder davon:

Es war einmal ein Mädchen, dem hatte der himmlische Schneider, der den Menschen die Schicksale anmißt, in seinem gelegentlichen Großmut ein hübsches Gesicht und einen schönen Körper gegeben.

Zudem besaß sie Verstand und eine Art von Phantasie, die auch ein um einiges häßlicheres Aussehen aufgewogen hätte.

Aber sie achtete die inneren Gaben gering, weil sie in einer Welt tüchtiger Ignoranten lebte, die dem Sichtbaren nachliefen, das Handfeste anbeteten und blind waren für jene Reichtümer, die in den verschlüsselten Botschaften der Dichter und Maler zu finden waren oder im Schweigen der Zenmeister und in der Berührung getrockneten Ziegendarmes mit einem Bogen, die Musik entstehen läßt. (...)

Da kam der Tag des ungeduldigen Engels. Jeder Irdische hat zumindest einmal zwischen Geburt und Abschied eine solche Begegnung. Gewöhnlich tritt dann eine Person von großer Fremdheit und Kühnheit auf und stellt beharrlich Fragen, deren Antworten man sich selbst schon lange schuldet.

Der Engel sprach: »Wer, Mädchen, willst du sein? Die, die du sein kannst, oder jene, mit der du dich bisher begnügt hast? Willst du Abenteurer sein oder Vorsicht?«

»Von allem ein Stück«, antwortete das Mädchen, ohne zu lügen. »Dann wirst du nichts wirklich sein«, sprach der Engel, »denn die Gipfel gewähren nur jenen Aussicht, deren Gedanken nicht im Tal sind, und die Täler lassen nur jene Ruhe finden, deren Gedanken nicht bei den Gipfeln sind.«

»So will ich am Gipfel mit Leib und Seele dem Himmel gehören und im Tal ganz und gar der Erde«, sagte das Mädchen.

Der Engel lächelte: »Wer ganz und gar einer Sache hingegeben ist, wird niemals den Wunsch nach einer anderen haben. Dem vom Tal Besessenen gehen die Gipfel verloren. Er sieht auch über sich nur Tal. Der vom Gipfel Besessene weiß auch unter sich nur Gipfel.«

»Was aber ist besser?« fragte das Mädchen.

»Besser ist es, dort hinzugehen, wo man sich nicht erprobt hat«, sprach der Engel. »Du bist im Tal geboren, kennst die Gebräuche des Tales, verstehst dich zu schützen vor den Tücken des Tales, weißt, was du giltst bei denen im Tale. Mache dich also auf zu Orten, die dich das Staunen lehren, und blicke nicht zurück.«

»Ich habe Angst vor dem Ungewissen«, klagte das Mädchen.

»Dann will ich dir einen Reisenden geben, den du lieben sollst«, sprach der Engel. »Ich will ihn dir aus mir selbst geben. Licht von meinem Licht soll er sein. Ungeduld von meiner Ungeduld. Lachen von meinem Lachen. Rätsel von meinen Rätseln. Da du ihn lieben wirst, wird es dir selbstverständlich sein, ihm zu folgen... vom Tal zu den Gipfeln steigend, von den Gipfeln zum rauschenden Flug des Kondors, von dort zu den dreizehn Monden des Helion. Eines Augenblicks siehst du dann vielleicht dein eigenes Herz und in ihm dein Lieben und in deinem Lieben den Reisenden, und in ihm dessen Herz und in diesem Herzen seine Liebe und in seiner Liebe dich und in dir ihn. Denn ihr werdet unentwirrbar sein, und alle Angst wird schwinden.«

»Schick mir den Reisenden«, bat das Mädchen. »Woran

aber werde ich ihn erkennen? Vielleicht gibt es falsche Reisende? So vieles auf Erden ist nur beinahe wahr.«

»Er kann in tausend Gestalten auftreten. Aber du wirst ihn daran erkennen, daß er nirgendwo lange verweilt«, sagte der Engel. »All sein Sinnen ist Aufbruch. Wenn du zögerst, ist er uneinholbar, und es bleibt dir nichts als die schmerzhafte Sehnsucht nach dem, was ich dir kein zweites Mal gewähren darf.«

»Ich glaube, ich werde meinen Reisenden erkennen«, sagte das Mädchen.

»Zu spät«, sagte der Engel und flog davon.

André Heller

Das Große Gesicht von Häuptling Schwarzer Hirsch

»Wenn aber dieses Gesicht, wie ich weiß, ein wahres und mächtiges gewesen, so ist es wahr und mächtig auch jetzt; denn solche Dinge sind aus dem Geist, und es liegt an der Finsternis ihrer Augen, daß die Menschen irregehen.«

Schwarzer Hirsch lebte von 1863–1950. Sein Vater und mehrere Onkel väterlicherseits waren Medizinmänner. Seine Familie pflegte und bewahrte das traditionelle spirituelle Wissen der Ogalallah-Sioux. Schwarzer Hirsch wurde in die Zeit hineingeboren, die den Untergang seines Volkes brachte. Von Kindesbeinen an erlebte er, wie die übermächtigen weißen Siedler und Soldaten die Angehörigen seines Volkes bis auf den Tod bekämpften. Schwarzer Hirsch war auch Zeuge des Massakers am »Wounded Knee« (1890), bei dem die weiße Armee Hun-

derte unschuldiger Indianerfrauen und -kinder niedermetzelte.

Mit neun Jahren überkam ihn das »Große Gesicht«. Darin wurde ihm das Schicksal seines Volkes offenbart. Aber bereits vier Jahre vorher hatten sich seine visionären Fähigkeiten angekündigt – zunächst in Form von Stimmen, später kamen Bilder hinzu:

Es geschah noch, bevor ich mit Pfeil und Bogen spielte oder ein Pferd geritten, und ich war allein zum Spielen ins Freie gegangen, als ich sie hörte. Mir schien, es würde jemand mich rufen, und ich dachte, es sei meine Mutter, aber da war niemand. Das geschah mehr als einmal und versetzte mich jedesmal in Furcht, so daß ich nach Hause rannte...

Und als ich fünf Jahre alt war, ...schickte ich mich (einmal) gerade an, mit dem Bogen, den mir mein Großvater gegeben hatte, auf den Königsvogel zu schießen, als dieser zu sprechen begann und rief: »... Horch! Eine Stimme ruft dich!« Dann schaute ich zu den Wolken, und zwei Männer kamen von dort, mit dem Kopf voran, wie Pfeile herabgeglitten; und als sie nahten, sangen sie einen heiligen Sang, und der Donner tönte wie der Ton der Trommel. Ich will es euch vorsingen. Der Sang und das Trommel klangen so:

»Merk auf, dich ruft eine heilige Stimme;
Durch den ganzen Himmel ruft eine heilige Stimme.«

Ich saß da und starrte auf die Männer, sie waren von dem Ort gekommen, wo der Riese wohnt (Norden). Doch als sie mir ganz nahe waren, steuerten sie dort hinüber, wo die Sonne untergeht, und auf einmal waren es Gänse. Dann verschwanden sie. Der Regen kam mit einem starken Wind, und ein Brausen hob an. Über dieses Gesicht sprach ich zu niemand. Ich dachte gern darüber nach, doch fürchtete ich mich, davon zu erzählen.

Vier Jahre später, als sein Stamm langsam die Rocky Mountains hinaufzog, wurde Schwarzer Hirsch plötzlich krank. Er fiel in ein zwölf Tage und Nächte währendes Koma. Eine solche körperliche Erstarrung wird von vielen Visionären berichtet (vgl. u.a. Kap. V, Hildegard von Bingen) und von der Umgebung, wie auch in diesem Fall, später als Scheintod gedeutet.

Schwarzer Hirsch selbst schildert den Eintritt in seine große Vision so:

... Am Tag darauf zog das Lager gegen einen Ort, wo die verschiedenen Gruppen unseres Volkes zusammentreffen sollten, und ich fuhr in einem Ponywagen, denn ich war sehr krank. Meine beiden Beine und beide Arme waren arg geschwollen, und mein Gesicht war gedunsen.

Als wir wiederum lagerten, befand ich mich in unserem Tipi, und Mutter und Vater saßen neben mir. Ich konnte durch die Öffnung im Zelt hinaussehen.

Plötzlich kamen zwei Männer aus den Wolken, Kopf voran, schräg wie Pfeile herabgeglitten, und ich wußte, es waren dieselben, die ich früher gesehen hatte. Jeder trug einen langen Speer, an dessen Spitze ein zackiger Blitz zuckte. Sie stiegen diesmal vollständig auf den Boden nieder, standen in einiger Entfernung, blickten mich an und sagten: »Eile! komm! Deine Großväter rufen dich!« Dann wandten sie sich ab und fuhren schräg aufwärts, wie von einem Bogen geschnellt. Als ich mich erhob, um ihnen zu folgen, schmerzten mich meine Beine nicht mehr, und ich fühlte mich sehr leicht. Ich trat aus dem Tipi, und von dort, wo die Männer mit den flammenden Speeren hingegangen, nahte sehr rasch eine kleine Wolke. Sie kam und ließ sich herab, dann nahm sie mich in sich auf und kehrte zurück, von wo sie gekommen, mit großer Geschwindigkeit. Und als ich herabblickte, konnte ich dort meine Mutter und meinen Vater sehen. Es tat mir leid, daß ich sie verließ.

Die Dinge, die Schwarzer Hirsch nun in der geistigen Welt wahrnimmt, sind natürlich stark von seiner indianischen Vorstellungswelt geprägt. Die Engel, die ihn holen, sind indianische Engel mit Pfeil und Bogen.

Für die Indianer bildet das gesamte Universum eine Einheit, es ist mit uns verwandt: Mutter Erde, Vater Sonne, Großmutter Mond, die Großväter der Himmelsrichtungen. Viele Tiere, darunter Pferde und Büffel, bevölkern die himmlischen Jagdgründe:

Wieder blickte ich mich um, und plötzlich verwandelten sie die zahllosen tanzenden Pferde in Tiere und Vögel jeder Art, und diese flohen nach den vier Himmelsrichtungen, woher die Pferde gekommen, und verschwanden. Darauf, während wir gingen, sahen wir vor uns aufgetürmt eine Wolke, die sich in ein Tipi verwandelte, durch dessen Eingang blickend ich sechs alte Männer in einer Reihe sitzen sah. Die zwei Männer mit den Speeren standen nun neben mir, an jeder Seite einer, und die Pferde, zugeordnet den vier Himmelsrichtungen, blieben in ihrer Vierer-Aufstellung und schauten hinein.

Und der älteste von den Großvätern sprach in freundlichem Ton: »Komm ganz herein und fürchte dich nicht.« Sowie er also sprach, da wieherten mir alle Pferde aus den vier Himmelsgegenden aufmunternd zu. Nun ging ich hinein und stellte mich vor die Sechs, und sie sahen älter aus, als Menschen je sein können – wie Berge alt, wie Sterne. Der Älteste redete wiederum: »Deine Großväter, welche die Großväter der ganzen Welt sind, halten einen Rat, und sie haben dich hierhergerufen, um dich zu unterrichten.«

Seine Stimme klang sehr freundlich, aber ich bebte vor Furcht an allen Gliedern, denn ich wußte, daß dies keine alten Männer waren, sondern die Mächte der Welt. Und der erste war die Macht des Westens; der zweite die des Nordens; der dritte die des Ostens; der vierte die des Südens; der fünfte die des Himmels; der sechste die der Erde…

(Ich) blickte auf und sah den Regenbogen mit vielfarbigen Flammen über mir hinweglaufen. Jetzt aber hielt der erste Großvater eine hölzerne Schale in der Hand, und sie war gefüllt mit Wasser, und in dem Wasser ruhte der Himmel. »Nimm dies«, sagte er, »es ist die Kraft, Leben zu schaffen, und sie gehört dir.« Jetzt hielt er einen Bogen in seinen Händen. »Nimm dies«, sprach er. »Es ist die Macht zu zerstören, und sie gehört dir.« Darauf zeigte er auf sich selbst und sprach: »Sieh ihn gut an, der nun dein Geist ist, denn du bist sein Leib, und sein Name ist Adlerschwinge-entfaltet-sich (Eagle Wing Stretches).«

Bei genauerem Hinsehen entpuppt sich der erste Großvater als der spirituelle Zwilling von »Schwarzer Hirsch«, er ist ein mächtiger Beschützerengel. Der zweite, dritte und vierte Alte beschenken den Knaben nacheinander mit einem wundertätigen Heilkraut, mit der Friedenspfeife und mit einem glänzenden roten Stab, der sich zum Baum des Lebens auswächst. Der fünfte Großvater gibt ihm die Macht über alles, was fliegt. Der sechste Großvater, der den Geist der Erde verkörpert, sieht sehr alt und schwächlich aus, aber vor den Augen von Schwarzer Hirsch verwandelt er sich zurück und wird er wieder jung. Als er so jung ist, daß er das Knabenalter erreicht hat, erkennt sich der junge Seher selbst in ihm wieder. Der sechste Großvater ist also ebenfalls sein spiritu-

eller Zwilling, der zweite machtvolle Engel, der über das Leben von Schwarzer Hirsch wacht.

... Dann erhob sich in mir ein Lied der Kraft, und ich sang es dort auf der Mitte dieses schrecklichen Platzes, wo ich mich befand. Es lautete also:

»Ein gutes Volk will ich leben machen.
Dies hat das Volk in der Höhe gesagt.
Sie haben mir dazu die Macht gegeben.«

Nachdem ich das Lied gesungen, sprach eine Stimme: »Nach den vier Gegenden sollst du eilen und Hilfe holen, und nichts soll stark sein vor dir. Schau es an!«

Nun saß ich wieder auf meinem rotbraunen Pferd, weil das Pferd von der Erde ist, und dort sollte meine Kraft gebraucht werden. Sowie ich den Stimmen gehorchte und hinschaute, sah ich ein Pferd dort im Westen, ganz Haut und Knochen, von mattem bräunlichem Schwarz. Und eine Stimme sprach: »Nimm dies und bring ihm Genesung.« Und es war das vierstrahlige Kraut, das ich in der Hand hielt. So ritt ich im Kreis um das schwarze Pferd herum, und während ich das tat, hörte ich drüben das Volk um Geisteshilfe rufen: » A-hey! a-hey! a-hey!« Da wieherte das arme Pferd, wälzte sich, stand wieder auf und war ein großer, glänzender schwarzer Hengst mit vielen Flecken, und seine Mähne lag um ihn wie eine Wolke. Er war der Führer aller Pferde; und wenn er schnaubte, gab es blitzendes Licht, und seine Augen waren wie der Abendstern. Er rannte nach Westen und wieherte, und der Westen war erfüllt von einem Staub von Hufen, und Pferde ohne Zahl tauchten aus dem Staub hervor. Darauf rannte er gegen den Norden und wieherte, und nach Osten und Süden, und die Staubwolken antworteten, indem sie unzählige Pferde herausgaben –

weiße und fuchsrote und rehbraune, wohlgenährte, glänzend und sich ihrer Flinkheit und Stärke freuend. Das war schön, doch es war auch schrecklich.

Dann hielten sie alle plötzlich an, richteten sich auf, umstanden in einem großen Kreis ihren schwarzen Führer und verhielten sich still. Als sie dort standen, traten in den Kreis vier Jungfrauen, schöner als irdische Frauen sein können, in Scharlach gekleidet, aus jeder Himmelsrichtung eine; eine hielt die hölzerner Wasserschale, eine die weiße Schwinge, eine die Pfeife und eine den Ring des Stammes. Das ganze Weltall schwieg und lauschte; dann erhob der große Hengst seine Stimme und sang. Und dieses war sein Sang:

»Meine Pferde, bäumend kommen sie.
Meine Pferde, wiehernd kommen sie;
In stolzer Haltung kommen sie.
Über das ganze Erdrund kommen sie.
Sie wollen tanzen; mögest du sie betrachten! (viermal)
Ein Pferdevolk, sie wollen tanzen;
Mögest du sie betrachten!« (viermal)

Seine Stimme klang nicht laut, doch drang sie über die ganze erschaffene Welt und erfüllte sie. Da war nichts, das sie nicht vernommen hätte, und sie war schöner als irgend etwas sein kann. So schön klang sie, daß nirgendwo etwas war, das sich des Tanzens enthalten konnte. Die Jungfrauen tanzten und alle die Pferde im Kreis. Die Blätter an den Bäumen, die Gräser auf den Hügeln und in den Tälern, die Wasser in den Schluchten und in den Flüssen und Seen, die Vierbeiner und die Zweibeiner und die geflügelten Vögel der Luft – alle tanzten zusammen zur Weise von des Hengstes Gesang. Und als ich auf meine Leute dort hinabblickte, glitt die Wolke über sie hin und segnete sie mit einem freundlichen Regen, und im Osten und über ihr stand ein flammender Regenbogen.

Erst als er schon hochbetagt war, sorgte Schwarzer Hirsch dafür, daß seine große Vision überliefert wurde. Der Indianerforscher John G. Neihardt gewann sein Vertrauen.

Von einem war Schwarzer Hirsch fest überzeugt: Er hatte eine Botschaft nicht nur für sein Volk, sondern für die ganze Menschheit erhalten:

Da sah ich, daß der heilige Ring meines Volkes einer von vielen Ringen war, die einen Kreis bildeten, weit wie Tageslicht und wie Sternenlicht. In der Mitte aber wuchs ein üppig blühender Baum zum Schutze all der Kinder einer Mutter und eines Vaters. Und ich erkannte all dies als heilig (...)

Ich bin nun gewiß, daß ich damals zu jung war, um das alles zu verstehen, was ich bloß fühlte. Jedoch erinnerte ich mich sehr wohl und recht deutlich an die geschauten Bilder und die Worte, welche mit ihnen zusammen heraufkamen; denn nichts, was ich je mit meinen Augen sah, war so hell und so klar wie das, was mein Gesicht mir gezeigt hat; und keine Worte, die ich jemals mit meinen Ohren gehört, waren gleich der Worte, die ich vernommen. Ich brauchte mich auf diese Dinge nicht zu besinnen; sie haben sich während aller dieser Jahre ständig selbst in Erinnerung gebracht. In dem Maße, wie ich älter wurde, trat für mich der Sinn dieser Bilder und Worte deutlich hervor; aber auch jetzt noch weiß ich, daß mir mehr offenbart worden ist, als ich mitzuteilen vermag.

Der Engel in Dir

Du kannst mich nicht sehen
doch ich bin da.
Ich bin immer bei Dir
ein wenig hinter Dir
ein wenig neben Dir.
Ich bin der Engel in Dir!
Ich bin Dein Engel und hab' Dich lieb!
Weißt du, daß wir Zwillinge sind?
Jeder von uns hat seinen Engel-Zwilling!
Schließe Deine Augen!
Lehne Dich zurück
und dann tauche in Dich hinein!
Werde ganz still und ernsthaft
Denn Engel sind schreckhaft
ruf mich, rede mit mir!
Frage mich alles und sooft Du willst!
Doch denke immer daran:
Engel antworten leise!

Gitta Mallasz

Die Botschaft der Engel von Budaliget

Wichtiges zur »Rückkehr der Engel in unser menschliches Bewußtsein« hat die Ungarin Gitta Mallasz beigetragen. In ihrem Buch »DIE ANWORT DER ENGEL. Ein Dokument aus Ungarn« berichtet sie von Geschehnissen, die sich während der Jahre 1943–1945 in Ungarn ereigneten. Die letzten Jahre vor Ausbruch des Zweiten Weltkriegs lebte sie mit dem Ehepaar Hanna und Joseph im Dorf Budaliget in der Nähe von Budapest und betrieb mit Hanna, die sie vom Studium her kannte, ein Atelier. Die vierte im Bunde war Lili, eine Bewegungs- und Entspannungstherapeutin. Jeden Freitagnachmittag trafen sie sich zum Gedankenaustausch. Am 25. Juni 1943 las Gitta ihrer Freundin Hanna vor, was sie in den letzten Tagen über ihre ganz persönlichen Probleme niedergeschrieben hatte. Da fühlte sich Hanna plötzlich von einer Kraft erfaßt, die sie nicht einordnen konnte, warnte Gitta noch kurz (»Nicht mehr ich werde zu dir sprechen«) – und dann sprach ein anderes Wesen mit Hannas Stimme zu ihr:

»UNNÖTIGES FRAGEN WIRD DIR ABGEWÖHNT WERDEN. GIB ACHT! BALD WIRST DU RECHENSCHAFT ABLEGEN MÜSSEN... VON GRUND AUF MUSST DU DICH ÄNDERN!... KENNST DU MICH?«

Gitta ist von dieser Frage tief berührt und weiß, daß sie dieses Wesen kennt, daß es ihr »innerer Meister« ist, daß sie aber durch dichte Nebelschichten im Inneren von ihm und von sich selbst getrennt ist. Da sagt er:

»EINEN NEUEN NAMEN WIRST DU ERHALTEN. DER NAME IST VORHANDEN, ABER ICH DARF IHN NOCH NICHT ENTSIEGELN. BEREITE DICH AUF IHN VOR... WIR WERDEN UNS WIEDER TREFFEN.«

Dann ist Hanna wieder sie selbst, und sie notieren beide das Gehörte, denn Hanna hat durchaus mitbekommen, daß sie Werkzeug, Medium, Vermittler für Gittas »inneren Meister« war und sein soll, daß sie einerseits nach den richtigen Worten suchte, um das zu formulieren, was er mitteilen wollte, daß sie andererseits Zeugin der Worte war, die sie sprach.

Woche für Woche treffen sie sich nun – 17 Monate hindurch –, und allmählich finden sich auch Lili und Joseph angesprochen und geistig geführt. Sie gewöhnen sich daran, von Engeln umgeben und geführt zu werden... Sie gehen freiwillig durch eine harte Schule. Sie erleben sehr bald, daß sie der »Engel«, der jeweils mit ihnen spricht, in- und auswendig kennt. Keine Gefühlsregung und kein Gedanke bleiben vor ihm verborgen. Er führt sie zur Erkenntnis ihrer geistigen Aufgaben in diesem Leben – jeder Engel hat seine Schüler, denn es geben sich ihnen mehrere als ihre geistigen Partner zu erkennen: als Schutzengel, geistige Lehrer und mächtige himmlische Kraftwesen. Die Einheit all dieser Engel-Persönlichkeiten mit Hanna war erstaunlich.

Hanna, Joseph und Lili sind Juden. Gitta gilt als »Arierin«. Während die vier regelmäßig an den Freitagen die Botschaft der Engel empfangen und sich mit ihnen austauschen dürfen, wird Ungarn von Hitlerdeutschland besetzt (März 1944), alle Verkehrsmöglichkeiten sind gelähmt, und Lili kann plötzlich nicht mehr von Budapest zu ihnen nach Budaliget hinausfahren, um bei den Freitagzusammenkünften dabeizusein. Auch hier setzen die Judenverfolgungen ein.

Am 2. Dezember 1944 werden Lili und Hanna deportiert und in das KZ Ravensbrück gebracht. Während des Abtransports beim Herannahen der alliierten Truppen sterben sie. Joseph starb – wie Gitta nach Kriegsende erfuhr – in einem ungarischen Lager. Gitta überlebte als einzige und hat die außergewöhnlichen Erlebnisse der Gruppe in ihrem Buch DIE ANTWORT DER ENGEL weitergegeben.

Gottfried Hierzenberger

In ihrem zweiten Buch DIE ENGEL ERLEBT beantwortet Gitta Mallasz Fragen, die nach der Veröffentlichung ihrer Visionen immer wieder an sie gestellt worden sind. Die großgedruckten Textstellen markieren im folgenden Text die Aussprüche der Engel von Budaliget, so wie Gitta Mallasz sie wiedergibt:

»Sehr oft werden mir Fragen über unsere religiöse Einstellung vor den Gesprächen gestellt. Hanna war in einer aufgeklärten, eher traditionslosen Familie aufgewachsen, und ich habe nie etwas davon gehört, daß sie je in einer Synagoge religiösen Feiern beigewohnt hätte. Joseph entstammte demselben Milieu wie Hanna und hatte in seiner Jugend eine rein materialistische Einstellung gepflegt. Von Lilis Familie hatte ich den Eindruck, daß Religiöses für sie überhaupt nicht existierte. Dasselbe konnte ich auch von meiner Familie sagen. Ich war wohl getauft worden, aber dabei hatte es sein Bewenden. Ich verlebte meine Kindheit bis zu meinem vierzehnten Lebensjahr im Landhaus meines Großvaters, wo ein Hauslehrer uns allgemeine Kenntnisse beibrachte. Von Religionsunterricht war aber keine Rede. Hätte mir später, als ich schon in Budapest lebte, jemand gesagt, ich werde Engeln begegnen, so wäre meine Reaktion wahrscheinlich ein gelangweiltes Achselzucken gewesen.

Was für ein Bild vom Engel trug ich damals in mir? Es war vor allem kunstgeschichtlich geformt. Ich kannte z. B. die schönen Engelabbildungen aus der romantischen Periode und ihr langsames Degenerieren zu den faden Putti der Spätrenaissance. Gut bekannt waren mir die dickbäuchigen Engelchen, die, auf ebenso dickbäuchigen Wölkchen sitzend, so typisch für die österreichische Barock- und Rokokirchen sind. Schon als Kind fand ich sie kitschig und lächerlich. Es wäre mir nie in den Sinn gekommen, die

Macht und Numinosität meines Meisters, der mich so streng belehrte, mit den herkömmlichen, süßlichen Engeldarstellungen zu assoziieren.

Als mein innerer Lehrer mir dann eines Tages die Geistesstruktur erklärte und sich zum ersten Mal ›Engel‹ nannte, hatte seine alles Schwächliche und Degenerierte hinwegfegende Kraft das alte Engel-Zerrbild längst vernichtet.«

Die folgende Frage wurde Gitta Mallasz wohl am häufigsten gestellt:

»Wie begegnet man seinem Engel?

Die meisten Fragesteller erwarten präzise Anweisungen oder eine regelrechte Schulung. Manche hoffen sogar auf geheime Riten und Initiationen oder auf eine neue Meditationspraxis. Meine Antwort, daß nur der innere Durst den Engel anzieht, enttäuscht oft. Ja, wie begegnet man seinem Engel? Es scheint mir einfacher, die Frage umzustellen: Wie begegnet man ihm nicht? Indem man sich ihm unwürdig wähnt, statt sich als ein Kind Gottes zu fühlen. Indem man ihn außen sucht, statt innen. Indem man sich ein vorgefaßtes Bild macht, statt bildlos zu bleiben. Indem man erwartet, statt zu warten. Indem man im gewöhnlichen Tun lau bleibt, statt mit voller Hingabe zu wirken. Indem man »esoterische« Schauer ersehnt, statt natürliches Geschehen. Das sind nur einige ungenügende Beispiele. In letzter Linie aber ist es unsere Offenheit und unser Durst, der zur Begegnung mit dem inneren Meister führt.

Ich erinnere mich, daß ich es natürlich fand, als mein Engel zu ersten Mal zu mir sprach. Es war etwas, das zu seiner Zeit kommen mußte und nun gekommen war, wenn auch vollkommen unerwartet. Dennoch war es zeitentsprechend, wie wenn ein Apfel zur Zeit seiner Reife vom Baume fällt. Ich glaube, daß, an einem gewissen Grad innerer Bereitschaft angelangt, die bewußte Begegnung mit dem inneren Lehrer natürlich wird. Sie entspricht der Evolution der Seele. So sagten auch die Engel nach einigen Gesprächen:

GIBT ES ETWAS NATÜRLICHERES, ALS DAß WIR MITEINANDER SPRECHEN KÖNNEN?

Es geht nicht um das Außergewöhnliche, Gewaltige, Übernatürliche, bei solchen Engelbegegnungen, sondern um Selbstverständliches. Wir sprechen mit unseren »älteren Geschwistern«, wenn wir mit den Engeln reden dürfen und können uns mit vollem Recht wohl und geborgen fühlen in ihrer Nähe – können freilich auch in Furcht geraten, wenn wir schlecht auf sie eingestellt sind und mit falschen Erwartungen an sie herantreten oder auf sie reagieren.

... Mozarts inneres Ohr (hörte) himmlische Harmonien und (transponierte) sie auf Papier. Niemand findet das befremdlich, denn es entsprach Mozarts Begabung und Sensibilität.

Ebensowenig werden wir es als befremdlich empfinden, wenn sich unser inneres Ohr einmal für die Worte unseres eigenen Engels öffnen wird, denn auch dies wird das Ergebnis einer natürlichen Entwicklung sein.

Außer der Neugierde gibt es noch ein anderes, erstaunlich häufiges Hindernis, dem Engel zu begegnen. Es ist die vermeintliche ›Unwürdigkeit‹ des Menschen.

BEUGST DU DAS HAUPT UND FÜHLST DICH ERHOBEN –
SO IST ES WAHRE DEMUT.
BEUGST DU DAS HAUPT UND FÜHLST DICH ERNIEDRIGT –
SO IST ES FALSCHE DEMUT.

Die alle falsche Unwürdigkeit hinwegfegende Kraft des Engels erlebten wir, als er uns zurief, mit ihm zusammen die Verbindung zwischen Irdischem und Himmlischem zu schaffen:

REICH MIR DIE HAND!

WIR SIND DAS BAND, DIE BRÜCKE, DER BOGEN
ZWISCHEN UNTEN UND OBEN.

Beide Hälften der Brücke – sind sie in sich vollendet – sind gleich wichtig, gleich nötig – sie ergänzen sich.

EIN HALBER BOGEN IST GANZ GELOGEN.
ER MUß SICH HALTEN.
KANN NICHT HEBEN, NICHT STERBEN, NOCH LEBEN

Ist es natürlich, halb zu sein? Nein, die Ganzheit ist natürlich. Sie ist wahr. Das Halbe aber ist gelogen, es entspricht nicht unserer Bestimmung. Wir sind ohne unsere ergänzende, numinose Hälfte, ohne den Engel nur halb. Genauso ist der Engel, ohne mit uns vereint zu sein, nur ein halber Bogen, der seine Aufgabe nicht erfüllen kann. Die alte, bedrückende Lehre von der Nichtigkeit des Menschen verschwindet vor diesem Worte des Engels für immer:

HALB GOTT – HALB ERDE: WERDE!

Göttliches auf der einen Seite der Waage – Irdisches auf der anderen, das ist das erlösende Gleichgewicht. Wo bleibt da die vermeintliche Unwürdigkeit des Menschen? Sie löst sich in Nichts auf, und ein frohe Verantwortung uns selbst und der Schöpfung gegenüber tritt an ihren Platz. Das ist die wahre Würde des Menschen. Dieses neue Selbstbewußtsein macht den Weg frei, dem eigenen Engel zu begegnen: statt in steriler Selbsterniedrigung in der Würde der Verantwortung.«

Gibt es ein Leben vor dem Tod?

Ich las einmal eine schöne Legende, weiß aber leider nicht mehr, wo. Sie erzählt, daß das Kind als Neugeborenes sich an alles erinnert... aber da kommt ein Engel und gibt ihm eine kleine Ohrfeige; nun vergißt das Kind alles. Als ich das las, dachte ich an folgende Worte:

ZWISCHEN GEBURT UND TOD
TÄUSCHT EIN SCHLEIER EURE AUGEN.
EUER AUGE SIEHT NICHT DURCH DEN SCHLEIER.

ERHEBT IHR EURE AUGEN ÜBER DEN SCHLEIER,
SO SEHT IHR, DASS ES VIELE LEBEN NICHT GEBEN KANN.

Ich hatte oft das Gefühl, daß wir in einer vorgeburtlichen ›Engelschule‹ zum Eintauchen in das Nebelmeer vorbereitet wurden. Um tief tauchen zu können, mußten wir uns mit Gewicht belasten.

In den siebzehn Monaten der Gespräche waren es Momente von unvergeßlicher Intensität, wenn sich hie und da die mich einhüllende Nebeldecke öffnete und ich hell beleuchtet neue Perspektiven ›entdeckt‹ vor mir sah. Nur zu bald aber schloß sich der Nebel wieder, und in solchen Augenblicken empfand ich meine Unwissenheit schmerzhafter denn je. Seitdem sind schon Jahrzehnte vergangen, aber das Gefühl, daß neue, schon zu entdeckende Möglichkeiten greifbar nahe sind, hat mich nie verlassen, ebenso wie das schmerzhafte Wissen, nichts zu wissen.«

Nach dem Kriegsende und dem Tod ihrer Freunde berichtet Gitta, daß sie immer wieder Kontakte mit Engeln hatte. Aber ihre Botschaften waren verhaltener als damals in Budaliget und Budapest, wo sie durch Hanna sprachen. Gitta verspürt die Engel »durch ein inneres Wort, durch einen Traum, einen Sonnenstrahl, eine leise Melodie, durch hundert Einzelheiten des Alltags – dabei nahm sie jedesmal einen besonderen Glanz wahr. Dieser Glanz macht sie sicher, daß sie sich nichts einbildet. Sie kann diese stillen Begegnungen wahrnehmen, weil sie sensibel geworden ist für die »dynamische Stille«, welche Engel umgibt.

Wie der Prophet Daniel vom Engel berufen wurde

Der Prophet Daniel wurde bekanntlich von einem Engel aus der Löwengrube errettet. Ebenso bedeutsam wie dieses Wunder sind seine beeindruckenden Visionen, in denen er das Überleben seines jüdischen Volkes und das Jüngste Gericht vorhersah.

Daniels Vision vom Widder und dem Ziegenbock (Daniel 8) weist im übrigen beeindruckende Parallelen zu den Tiergestalten im »Großen Gesicht« des Häuptlings Schwarzer Hirsch auf.

In seiner letzten großen Vision erscheint Daniel erneut ein mächtiger Engel:

Im dritten Jahr des Königs Cyrus von Persien ... am 24. Tag des 1. Monats befand ich mich am Ufer des Stromes Tigris. Ich erhob meine Augen und schaute: Da stand ein Mann, bekleidet mit einem Linnengewand, die Lenden umgürtet mit einem Gürtel aus feinstem Gold; sein Leib war wie aus Chrysolith, sein Antlitz leuchtete wie der Blitz, seine Augen glichen lodernden Fackeln, seine Arme und Beine funkelten wie Glanzerz, und der Ton seiner Offenbarungen war ähnlich dem Lärmen einer Volksschar. Ich, Daniel, allein sah die Erscheinung. Die Leute, die bei mir waren, bemerkten von der Erscheinung nichts; indes befiel sie ein gewaltiger Schrecken, sie mußten fliehen, um sich zu verbergen ... Ich vernahm den Ton seiner Worte ... Als er zu mir redete, lag ich wie betäubt auf der Erde. Mein Angesicht berührte den Boden ... Eine Hand ergriff mich und richtete mich auf und brachte mich auf meine Knie und meine Handflächen. Dann sprach er zu mir: »... Stelle dich auf deine Füße, denn ich bin zu dir gesandt.« Während er zu mir redete, stellte ich mich zitternd aufrecht hin. Sodann verkündete er mir: »Fürchte dich nicht, Daniel! Denn vom ersten Tag an, da du dich abmühtest, Klarheit zu gewinnen, und dich vor Gott demütigtest, wurden deine Worte erhört, und um deiner Worte willen bin ich zu dir gekommen. Aber der Engelfürst des Perserreiches stellte sich mir einundzwanzig Tage lang hindernd in den Weg; es kam indes Michael, einer der ersten Fürsten, mir zu Hilfe. So wurde ich dort beim König von Persien überzählig. Darum durfte ich mich bei dir einfinden, um dich darüber zu unterrichten, was in den letzten Tagen deinem Volke zustoßen wird. (...) Viele werden geläutert, gereinigt und erprobt, doch die Gottlosen freveln weiter; und keiner der Gottlosen kommt zur Erkenntnis; nur die Einsichtigen werden es verstehen. Von der Zeit, wo das tägliche Opfer abgeschafft und der Greuel der

Verwüstung aufgestellt wird, sind es zwölfhundertneunzig Tage. Wohl dem, der aushält und dreizehnhundertfünfunddreißig Tage erreicht. Du aber geh nun dem Ende zu! Du wirst ruhen! Und du wirst dich erheben zu deinem Erbteil am Ende der Tage.«

Daniel 10, 4–13

Der falsche Prophet von Gerlingen

Immer dann, wenn schwere Zeiten herrschen und Menschen – aus äußerer oder innerer Not heraus – nach Halt und Hilfe suchen, sind sie besonders aufgeschlossen für spirituelle Botschaften. Das trifft auf den Propheten Hesekiel zu (Kap. V) genauso wie auf Jeanne d'Arc, Häuptling Schwarzer Hirsch und Gitta Mallasz, um nur einige zu nennen.

Der Weinbauer Hans Keil lebte im 17. Jahrhundert, zu einer Zeit, als ganz Europa unter den Folgen des Dreißigjährigen Krieges litt. Zu Beginn des Jahres 1648 verbreitete sich in Windeseile das Gerücht, diesem einfachen Winzer aus dem badischen Örtchen Gerlingen sei dreimal ein Engel erschienen, mit einer dringenden Botschaft an alle Menschen. Unter der Bevölkerung Württembergs und in den angrenzenden Landesteilen löste dies große Aufregung aus. Die Obrigkeit schaltete sich ein. Schließlich widerrief Hans Keil. Inwieweit ihn die zahllosen Verhöre und Folterungen dazu getrieben hatten oder ob er tatsächlich ein falscher Prophet war, wird sich wohl nie mehr klären lassen.

Hans Keil hatte damals seine Engelsvisionen aufgeschrieben, der Schulmeister des Ortes, Mästlin, machte davon mehrere Abschriften; schließlich, im Jahre 1904, wurden diese in den Blättern für württembergische Kirchengeschichte in Auszügen abgedruckt:

»... wie ich in den Weinberg kommen bin, sah ich einen Mann vor mir stehen, in einem weißen Kleid, der sprach zu mir: ›Der Herr.gebe dir einen guten Tag!‹ Aber vor Schrecken gab ich keine Antwort. Da sprach er: ›Sei getrost, dein Gebet ist erhört worden, ich bin ein Engel, von Gott zu dir gesandt, damit du deinem Landesfürsten in Württemberg kundtun sollst, daß Gott Land und Leute strafen will wegen der großen Sünden, wenn man nicht Buße tue. Denn der Herr hat die ganze Christenheit nun dreißig Jahre heimgesucht mit Krieg und Blutvergießen, Hunger, Teuerung, Pestilenz, Untergang und mit allerlei Strafen; aber kein Mensch kehrt sich daran, sondern alle Tage wird es ärger.‹ Darüber fing der Engel an zu schreien: ›Weh, weh, weh ... oh weh der groben Sünden! Feuer vom Himmel, das türkische Schwert, ihr werdet Hunger genug haben.‹ Dabei nahm er mir die Happen aus der Hand und schnitt damit sechs Reben und gab sie mir in die Hand ; die verwandelten sich gleich in Blut. ›Dies sei zum Zeichen, daß der Herr allem Volk noch sechs Monate Frist gebe.‹«

Von allen Seiten strömten Pilger nach Gerlingen, begierig, Näheres zu hören. Dann tauchten erste Zweifel auf, die Polizei und ein Konsistorium ermittelten, doch der Ruf des Mannes war tadellos. Wenig später erschien ihm der Engel zum zweiten Mal; diesmal sollten mehr als hundert Rebstöcke Blut geschwitzt haben.

Bei Nachforschungen zeigte sich aber, daß an den Rebstöcken nur von außen trockenes Blut klebte, innen waren sie ganz grün. Außerdem fand man in der Nähe eine blutige

Feder, die auf einer blutverschmierten Grasstelle lag. Hans Keil wurde gefangengesetzt und scharf verhört. Er verstrickte sich in Widersprüche, blieb aber dabei, eine Engelsbotschaft empfangen zu haben, die er unbedingt seinem Landesfürsten, Herzog Eberhard III., überbringen müsse. In seiner Gefängniszelle wurde er eines Nachts bewußtlos aufgefunden. Mit matter Stimme erklärte er kurz darauf, er habe wieder ein Gesicht gehabt.

Keil wurde freigelassen, kurz darauf wieder verhaftet und nach Stuttgart gebracht. In Gerlingen erregte die Verhaftung einen Aufruhr, die Leute dort glaubten an ein Wunder und hielten den Weinstock des Hans Keil »hoch und fast heilig«.

Hans Keil war inzwischen auf dem Hohenneuffen ins Gefängnis gesteckt worden. Über das neueste Erlebnis gab er an, ihm sei ein Engel mit einem roten Kreuz auf der Brust erschienen. Als er das Lied »O Gott verleih mir deine Gnad'« gelesen habe, habe der Engel plötzlich vor ihm gestanden und gesagt: »Steh auf, höre mein Wort, was ich dir sage; das sollst du deiner hohen Obrigkeit anzeigen, daß Gott wolle schreckliche Strafen schicken, wenn man nicht Buße tun werde! Denn Gott hat euch schon lange warnen lassen... durch schreckliche Wunderzeichen hin und wieder...«. Zum Schluß habe der Engel ihm die Hand gegeben, die warm gewesen sei, und gesagt: »Bewahr dich Gott«; er aber sei in dem Moment umgefallen und wisse nicht, wie der Engel verschwunden sei, auch nicht, wie lange er selbst da gelegen habe. Das erste Wort, das er wieder gehört habe, sei das des Hauptmanns in seiner Zelle gewesen, er, Keil, werde wohl den Wehtag (epileptische Anfälle) gehabt haben, er habe aber noch nie einen Wehtag gehabt. Am nächsten Tag habe er nicht aufstehen noch etwas essen können. In den folgenden Tagen spuckte er Blut.

Nach strenger Einzelhaft und weiteren Verhören gestand Keil schließlich, alles erfunden zu haben. Er habe die Leute erschrecken wollen. Dann bezichtigte er den Dorfpfarrer, ihn angestiftet zu haben. Schließlich widerrief er erneut und blieb dabei, Engelserscheinungen gehabt zu haben. Die Obrigkeit reagierte unerbittlich: Am 23. September 1648 wurde Hans Keil an den Pranger gestellt und schließlich auf Lebenszeit des Landes verwiesen. Alle Gnadengesuche seiner Frau blieben erfolglos.

Der Psychoanalytiker C.G. Jung und seine Geist-Lehrer

Der Bruch mit seinem Lehrer Sigmund Freud stürzte den berühmten Tiefenpsychologen C.G. Jung Ende 1913 in eine tiefe Sinnkrise. In dieser Situation erschienen ihm drei Phantasiegestalten. Sie zeigten ihm neue Wege. Zunächst im Traum, später auch im Wachzustand erschienen ihm eine blinde Frau namens Salome, ein unsichtbarer Lehrer, den er Philemon nannte, und ein weiser alter Mann namens Elias:

»Seine (Elias') Gestalt erschien mir zuerst in einem Traum: Es war blauer Himmel, aber er schien wie das Meer. Er war bedeckt – aber nicht von Wolken, sondern von braunen Erdschollen. Es sah aus, als ob die Schollen auseinanderbrächen und das blaue Wasser des Meeres dazwischen sichtbar würde. Das Wasser war aber der blaue Himmel. Plötzlich schwebte von rechts her ein geflügeltes Wesen herbei. Es war ein alter Mann mit Stierhörnern. Er trug einen Bund mit vier Schlüsseln und hielt den einen so, wie wenn er im Begriff stünde, ein Schloß aufzuschließen. Er war geflügelt, und seine Flügel waren wie diejenigen des Eisvogels mit ihren charakteristischen Farben. (...)

Da ich das Traumbild nicht verstand, malte ich es, um es mir besser zu veranschaulichen. In den Tagen, als ich damit beschäftigt war, fand ich am Seeufer meines Gartens einen toten Eisvogel! Ich war wie vom Donner gerührt. Nur ganz selten sieht man Eisvögel in der Umgebung von Zürich. Darum war ich von diesem anscheinend zufälligen Zusammentreffen so betroffen. Die Leiche war noch frisch, höchstens zwei bis drei Tage alt, und wies keine äußeren Verletzungen auf. (...)«

Kurze Zeit später nahm dann auch Philemon Gestalt an und bereicherte Jung in seiner persönlichen Entwicklung, die ihn schließlich von den Lehren Sigmund Freuds wegführte.

»Philemon und andere Phantasiegestalten brachten mir die entscheidende Erkenntnis, daß es Dinge in der Seele gibt, die nicht ich mache, sondern die sich selber machen und ihr eigenes Leben haben. Philemon stellte eine Kraft dar, die ich nicht war. Ich führte Phantasiegespräche mit ihm, und er sprach Dinge aus, die ich nicht bewußt gedacht hatte. Ich nahm genau wahr, daß er es war, der redete, und nicht ich. Er erklärte mir, daß ich mit den Gedanken so umginge, als hätte ich sie selbst erzeugt, während sie nach seiner Ansicht eigenes Leben besäßen wie Tiere im Walde, oder Menschen in einem Zimmer, oder wie Vögel in der Luft... So brachte er mir allmählich die 'Wirklichkeit der Seele' bei.«

Psychologisch stellte Philemon eine überlegene Einsicht dar. Er war für mich eine geheimnisvolle Figur. Zu Zeiten kam er mir fast wie physisch real vor. Ich ging mit ihm im Garten auf und ab, und er war mir das, was die Inder als Guru bezeichnen.«

Engel sind für C.G. Jung »seelische Mächte, welche uralt geheiligte Namen tragen.« Diese Mächte seien als archetypische Bilder im Unterbewußtsein eines jeden Menschen vorhanden. Nach Jung eine Erklärung dafür, warum sich die Mythen, Legenden und Symbole bei allen Völkern der Erde so ähnlich sind. In seinen »Psychologischen Betrachtungen« erklärt der berühmte Psychoanalytiker, warum es so wichtig ist, daß jeder in sich selbst nach einer spirituellen Quelle sucht:

»In jedem von uns ist auch ein anderer, den wir nicht kennen. Er spricht zu uns durch den Traum und teilt uns mit, wie anders er uns sieht, als wie wir uns sehen. Wenn wir uns daher in einer unlösbar schwierigen Lage befinden, so kann der fremde Andere uns unter Umständen ein Licht aufstecken, welches wie nichts geeignet ist, unsere Einstellung von Grund auf zu verändern, nämlich eben jene Einstellung, die uns in die schwierige Lage hineingeführt hat. Die meisten unserer Schwierigkeiten rühren daher, daß wir den Kontakt zu unseren Instinkten, zu der uralten, unvergessenen Weisheit, die in jedem von uns gespeichert ist, verloren haben.«

Cherub

Die Seherin Elisabeth von Schönau (1129–1164) und die Söhne des Lichts

»Bewacht uns, ihr Söhne des Lichtes, und wacht über uns, denn unsere Schwachheit ist groß, zahlreich sind die Nachstellungen, denen wir ausgesetzt sind... Vermeldet im Himmel die Klagerufe der Bedrängten und die Gebete der Demütigen, damit wir mit euch zusammen des Reiches Gottes teilhaftig zu werden verdienen durch den, der da lebt und herrscht von Ewigkeit zu Ewigkeit!«

Das Mittelalter war eine von tiefen Ängsten geprägte Epoche. Die Welt erschien den Menschen bedrohlich und rätselhaft. Sie fühlten sich Kriegen, Krankheiten, Hungersnöten und anderen Katastrophen hilflos ausgeliefert. Für viele war das irdische Dasein ein einziges Jammertal. Sie bauten darauf, im Paradies entschädigt zu werden. Buße und Züchtigung waren die Mittel, um Glückseligkeit zu erlangen.

In den Klöstern Europas praktizierten viele Ordensfrauen Bußübungen und intensive geistliche Meditationen. Einige hatten dabei mystische Erlebnisse. Etliche dieser Zeugnisse sind schriftlich festgehalten worden.

Einige Mystikerinnen, wie Hildegard von Bingen, nutzten allerdings auch ihre Offenbarungen, um den Herren ihrer Zeit die Meinung sagen zu können.

Elisabeth von Schönau war etwas jünger als Hildegard. Sie bewunderte ihr berühmtes Vorbild, gab aber – anders als diese – offen zu, in ekstatische Zustände zu geraten:

»Der Frau Hildegard, der ehrwürdigen Meisterin der Bräute Christi in Bingen, entbietet Elisabeth, eine einfache Nonne, mit aller Liebe inbrünstige Gebete!

Wie Ihr durch andere erfahren habt, hat der Herr seine Barmherzigkeit herrlich an mir erwiesen, mehr als ich verdient habe oder je verdienen könnte, so sehr, daß Er sich würdigte, mir häufig gewisse himmlische Geheimnisse zu offenbaren. Oft ließ Er mir auch durch seinen Engel andeuten, was für Dinge in diesem Tagen über sein Volk kommen würden, wenn es nicht Buße tue wegen seiner Sünden. Auch befahl Er mir, dies öffentlich zu verkünden. Ich aber bemühte mich, dies alles, so gut ich konnte, geheimzuhalten, um Anmaßung zu vermeiden und nicht als Urheberin von Neuerungen zu erscheinen. Als ich also eines Sonntags in gewohnter Weise im Geiste entrückt worden war, trat der Engel des Herrn zu mir und sprach: ›Warum verbirgst du Gold im Kot – ich meine das Wort Gottes, das durch meinen Mund an die Welt ergangen ist, nicht damit es verborgen, sondern daß es zum Lob und zur Verherrlichung unseres Herren und zur Rettung seines Volkes offenbar werde?!‹ Nachdem der Engel dies gesprochen hatte, schwang er die Geißel über mich, mit der er wie in großem Zorn mich fünfmal sehr schmerzhaft schlug, so daß ich von dieser Geißelung drei Tage lang an meinem ganzen Körper wie erschlagen war. Danach legte der Engel den Finger an meinen Mund und sprach: ›Du wirst stumm sein bis zur neunten Stunde, da du offenbaren wirst, was der Herr an dir getan.‹ Ich blieb also stumm bis zur neunten Stunde. Dann machte ich der Meisterin ein Zeichen, sie möge mir ein Notizbüchlein bringen, das ich in meinem Lager verborgen hatte. Es enthielt schon teilweise, was der Herr an mir getan hat. Als ich es dem Abt, der mich besuchte, in die Hand gab, löste sich meine Zunge wieder, und ich sprach die Worte: ›Nicht uns, Herr, nicht uns, sondern Deinem Namen gib die Ehre!‹...

Eines Tages, als ich wieder entrückt war, bot sich der Engel in gewohnter Wiese mir wieder dar und stand vor meinem Blick. Zitternd sprach ich zu ihm: ›Ich beschwöre dich bei Gott, dem Vater und dem Sohn und dem Heiligen Geist, daß du mir offen sagst, ob du wahrhaftig ein Engel Gottes bist und ob die Gesichte, die ich in meiner Entrückung geschaut habe, und die Worte, die ich aus deinem Munde gehört habe, wahr sind!‹ Er antwortete mir: ›Sei fest davon überzeugt: Ich bin wirklich ein Engel Gottes, und die Gesichte, die du geschaut hast, sind wahrhaftig; Und was du aus meinem Mund gehört hast, ist wahr und wird in Wahrheit geschehen, wenn die Versöhnung zwischen Gott und den Menschen nicht wiederhergestellt wird. Ich aber bin der gleiche Engel, der sich seit langem um dich bemüht hat‹« (...).

Nun geschah es am Mittwoch vor dem Osterfest, daß ich nach großen körperlichen Leiden wieder in Verzückung geriet. Der Engel des Herrn erschien mir, und ich sprach zu ihm: ›Herr, was wird aus dem Wort, das du zu mir gesprochen hast?‹ Er antwortete mir: ›Sei nicht traurig und beunruhige dich nicht, wenn das, was ich dir vorausgesagt habe, nicht an dem Tage eintrifft, den ich dir angegeben habe. Denn der Herr ist durch die Buße und Genugtuung wieder versöhnt worden.‹«

Aus dem Gebetbuch der Elisabeth von Schönau, die seit ihrem 23. Lebensjahr Engelsschauungen erlebte und schon mit sechsunddreißig Jahren – aufgezehrt durch einen ungewöhnlich strengen, asketischen Lebenswandel – starb.

KAPITEL III

ENGEL IN LIEBE UND LEID

St. Valentins Engel

Warum muß es immer
nur ein einziger Tag im Jahr sein,
an dem wir Liebe schenken und Freude bereiten,
dieses schöne Gefühl zwischen Mann und Frau.
St. Valentins Engel,
du Engel aller Liebenden.
St. Valentins Engel.
Bring allen Liebesgrüße von mir!
Wie sehr ich mir das wünsche –
Valentinstag für immer, für dich und mich!

Donovan

Wir sind Engel
mit nur einem Flügel –
um fliegen zu können,
müssen wir uns umarmen.

Luciano De Crescenzo

Von der ehelichen Liebe im Himmel

Emanuel Swedenborg (1688–1772) war einer der bedeutendsten Visionäre der Neuzeit. Seine ersten spirituellen Erfahrungen machte er erst mit 56 Jahren. Er brach daraufhin seine beachtliche Karriere als Naturwissenschaftler ab und widmete sich ganz seinem Seelenleben. Er beeinflußte viele Größen seiner Zeit, unter anderen Goethe, Kant und Strindberg. Trotzdem gab es auch zu seiner Zeit genügend Menschen, die seinen Visionen skeptisch gegenüberstanden. An diese gewandt, formulierte er:

»Es ist mir völlig klar, daß viele der Meinung sind, daß niemand, der noch in diesem Körper ist, mit Geistern und Engeln reden kann. Viele glauben, es sei alles ausgedacht, andere finden, daß ich dieses berichte, um Glaubwürdigkeit zu erlangen, während andere wieder andere Einwände haben. Aber ich lasse mich nicht verunsichern, denn ich habe gesehen, ich habe gehört und ich habe gefühlt.«

Eine der Offenbarungen Swedenborg behandelt die »ewige Liebe«. Er setzt sie mit der »ehelichen Liebe« gleich – wohl eher eine Wunschvorstellung, damals wie heute.

Eines Morgens früh blickte ich zum Himmel auf und sah über mir einen Himmelsraum über dem anderen. Und ich sah, wie sich der erste Himmelsraum, der mir nahe war, öffnete und daraufhin auch der zweite, der darüber war, und schließlich auch der dritte, welcher der höchste war... Und bald hörte ich eine Stimme vom Himmel. Sie hatte den Klang einer Posaune, die sprach: »Wir haben gehört und sehen nun, daß du über die lebenslange Liebe nachdenkst,

und wir wissen, daß niemand auf der Erde weiß, was diese eheliche Liebe ihrem Ursprung und Wesen nach wirklich ist... Und siehe, nun erschien ein Wagen, der aus dem höchsten Himmel herabfuhr. In dem Wagen sah ich einen Engel, aber als er näher kam, erkannte ich, daß es zwei waren. Der Wagen glänzte aus der Ferne vor meinen Augen wie ein Diamant und wurde von zwei schneeweißen jungen Pferden gezogen. Die in dem Wagen saßen, hielten zwei Turteltäubchen in ihrer Hand und riefen mir zu: »Willst du, daß wir näher kommen? Dann mußt du dich aber vorsehen, daß der Glanz, der aus unserem Himmel stammt und der wie eine Feuerflamme ist, nicht zu tief in dich eindringt. Er erleuchtet zwar die höheren Ideen deines Verstandes, aber diese können in deiner Welt nicht ausgesprochen werden. Bedenke daher klug, was du hören wirst, und mache es so deiner Vernunft klar.«

Ich antwortete: »Ich will vorsichtig sein; kommt näher!«

Sie kamen. Es war ein Ehemann und seine Frau. Und sie sprachen: »Wir sind Gatten, wir haben selig im Himmel gelebt von dem Zeitalter an, das ihr das goldene nennt und die ganze Zeit in demselben blühenden Alter, in dem wir jetzt sind.«

Ich betrachtete beide, denn mir wurde klar, daß sie die eheliche Liebe, so wie sie in ihrem Schmuck vor mir standen, darstellten. Alle Engel sind Gefühle der Liebe in menschlicher Gestalt. Die Liebe leuchtet aus ihrem Angesicht, und je nach ihrem Gefühl erhalten sie ihre Kleider. Daher heißt es im Himmel, daß jeder nach seiner Neigung gekleidet ist.

Der Mann war halb Jüngling, halb Mann. Aus seinen Augen glänzte ein Licht, das aus der Weisheit der Liebe kam und sein Antlitz wie von innen erleuchtete und aus der äußeren Haut ausstrahlte, so daß sie förmlich schimmerte. Sein ganzes Antlitz war dadurch eine einzige strahlende Schönheit. Er war in einen langen Mantel gekleidet, unter dem er einen hyazinthfarbenen Rock trug, der von einem goldenen Gürtel zusammengehalten wurde, mit drei kostbaren Edelsteinen – zwei Saphiren an der Seite und einen Karfunkel in der Mitte. Seine Strümpfe waren aus glänzendem Leinen mit eingewebten Silberfäden, seine Schuhe bestanden aus reiner Seide. So war das äußere Bild der ehelichen Liebe beim Manne.

Bei der Frau war es folgendermaßen: ihr Antlitz sah ich und sah es auch nicht. Es erschien mir wie die Schönheit selbst, und es war doch unsichtbar. Wahre Schönheit läßt sich nicht beschreiben. Ihr Antlitz hatte einen flammenden Glanz wie das Licht der Engel im dritten Himmel und blendete meine Augen, so daß ich ganz verwirrt war.

Sie sah es und fragte mich: »Was siehst du?« Ich antwortete: »Ich sehe nichts als die eheliche Liebe und ihre Gestalt, aber ich sehe sie und sehe sie auch nicht.«

Hierauf wandte sie sich halb von ihrem Mann ab, und ich konnte sie genauer betrachten. Die Augen strahlten vom Licht aus ihrem Himmel, das, wie oben gesagt, einer Flamme gleicht und aus der Liebe zur Weisheit stammt. Denn in diesem Himmel lieben die Frauen ihre Männer aus und in ihrer Weisheit, und die Männer ihre Frauen aus und in ihrer Liebe zu ihnen, und so werden sie miteinander vereint. Daher war auch ihre Schönheit so groß, daß kein Maler sie wiedergeben oder sie darstellen kann, wie sie wirklich ist. Solch einen Schimmer haben seine Farben nicht, und solch eine Formschönheit kann keine Kunst ausdrücken. Ihr Haar war anmutig geordnet, so daß es zu ihrer Schönheit paßte, und war mit Blumen aus Juwelen geschmückt. Sie trug ein Halsband aus Edelsteinen, an dem eine Rosette aus Chrysolith hing. Ihre Armbänder waren aus Perlen. Sie war mit einer scharlachroten Toga bekleidet, darunter hatte sie ein purpurfarbenes Mieder, das vorne mit Rubinen geschlossen war. Etwas verwunderte mich allerdings sehr: die Farben wechselten nach der Art, wie sie ihren Mann ansah, und schimmerten manchmal mehr oder weniger; mehr, wenn sie einander ansahen, weniger, wenn sie ihn von der Seite betrachtete.

Nachdem ich dies gesehen hatte, sprachen sie wieder mit mir. Und wenn der Mann redete, klang es, als spräche die Frau gleichzeitig, und wenn sie redete, kamen die Worte auch vom Manne. So eng waren die beiden Seelen, von denen die Worte ausgingen, verbunden. Und jetzt hörte ich auch, welchen Klang die Sprache der ehelichen Liebe hat: sie war zugleich im Inneren der beiden und entsprang aus den Wonnen des Friedens und der Unschuld.

Zum Schluß sagten sie: »Wir werden zurückgerufen, wir müssen fahren.« Und nun sah ich, wie sie wieder auf dem Wagen zurückfuhren. Ihr Weg führte durch Blumenfelder, auf denen reich behängte Oliven- und Orangenbäume standen. Als sie sich dem dritten Himmel näherten, wurden sie von Jungfrauen in Empfang genommen und hineingeleitet.

Der Engel Asriel und der Schafhirte

Einige der schönsten Engelgeschichten entstammen der jüdischen Überlieferung. Und was besonders erfreulich ist: Die jüdischen Engel haben ein weiches Herz und erfüllen nicht stur ihren Auftrag...

Es war einmal ein junger Schafhirte. Eines Tages, als er mit seiner Herde auf der Weide war und sich auf einen Felsen setzte, um eine Mahlzeit aus Brot und Salz zu sich zu nehmen, blickte er auf und sah vor sich den Engel Asriel. Der

Hirte teilte sein Brot mit ihm und auch das Salz, und gemeinsam setzten sie sich zum Essen. Da sprach der Engel: »Wisse, daß Gott mich geschickt hat, um dich zu töten.« Der Hirte schwieg und sagte kein Wort, denn was sollte er dazu sagen? Und der Engel sprach weiter: »Ich werde dir ein Geheimnis verraten, das du niemandem offenbaren darfst, auch nicht deinem Vater und deiner Mutter. Du sollst niemals heiraten. Solange du unverheiratet bist, wird dir nichts Böses zustoßen, aber wenn du eine Frau nimmst, komme ich in dem Augenblick, wenn du sie in dein Zimmer führst, und nehme dir dein Leben. So hat man es mir befohlen.« Die beiden einigten sich, das Geheimnis keinem lebenden Wesen zu offenbaren. Der Hirte schloß die Augen, und als er sie wieder aufschlug, war der Engel nicht mehr bei ihm. Der Hirte kehrte nach Hause zurück und erzählte seinem Vater und seiner Mutter nichts. Monate und Jahre vergingen, Sommer und Winter wechselten sich ab, und immer noch nahm er sich keine Frau. Seine Eltern waren sehr betrübt, denn sie wurden alt, und auch ihm wuchsen schon ein paar graue Haare. Sie sprachen immer wieder von einer Ehe, aber er sagte nur: »Ich kann keine Frau nehmen, und ich darf euch nicht sagen, warum.«

Doch eines Tages, als er die Tränen seiner Mutter nicht mehr ertragen konnte, offenbarte er ihr sein Geheimnis. Als die Eltern und die ganze Familie das hörten, redeten sie auf ihn ein und beschworen ihn, die Sorge aus seinem Herzen zu verbannen, und sie versprachen, ihr Leben für ihn zu geben, sollte ihm Gefahr drohen. Der Hirte hörte sie an und glaubte ihnen. Er nahm sich eine Frau und hielt Hochzeit. Doch nach dem Hochzeitsmahl erschien der Engel und sprach: »Du hast nicht auf meinen Rat gehört, dir keine Frau zu nehmen und niemandem dein Geheimnis zu verraten, und darum muß ich dir jetzt das Leben nehmen.« Der Schafhirte rief seine ganze Familie zusammen, und alle kamen herbeigeeilt, doch als sie den Engel erblickten, packte sie die Angst, und sie liefen um ihr Leben. Da sagte der Engel zu dem Hirten: »Siehst du, keiner wird sein Leben für dich einsetzen, denn wer will schon sterben? Auch ein Bruder wird sich für den anderen Bruder nicht opfern. Aber ich habe Brot und Salz mit dir gegessen, und wir sind Freunde. Ich werde dir nichts zuleide tun. Du bist heute fünfzig Jahre alt, und es werden dir noch weitere fünfzig Jahre beschert sein.« So sprach der Engel Asriel und nahm Abschied von seinem Freund.

Der bestrafte Engel

Dies ist der Titel eines bekannten nordischen Märchens. Ein Engel soll die Seele einer Frau in den Himmel holen, die gerade Zwillinge geboren hat. Aus lauter Mitleid führt er diesen Befehl nicht aus. Zur Strafe wird er aus dem Himmel verbannt und muß einige Zeit unerkannt unter Menschen leben.

Das Märchen kreist, wie viele andere Engelgeschichten, um zwei faszinierende Fragen; zum einen: »Wie ge-

recht und barmherzig ist Gott?« und zum anderen: »Dürfen Engel selbst Entscheidungen treffen?«

Der russische Schriftsteller Leo Tolstoi hat das Märchen vom bestraften Engel zu einer längeren Erzählung verarbeitet. Der folgende Text gibt sie in wesentlichen Zügen wieder.

Alles beginnt damit, daß der arme Schuster Simon auf seinem Heimweg von der Dorfkneipe einen nackten Mann bemerkt, der völlig entkräftet neben einem zugeschneiten Holzstapel liegt. Simon wil dem Mann eigentlich nicht zu Hilfe kommen, aber schließlich siegt sein Gewissen.

Simon faßte den Mann unter die Arme und begann ihn aufzurichten. Der Mann stand auf. Simon sah, sein Körper war zart und rein. Arme und Beine waren unversehrt, und das Gesicht war gut und fromm. Simon warf ihm den Kaftan um die Schultern, er konnte aber die Ärmel nicht finden. Da half Simon ihm die Arme hineinstecken, rückte den Kaftan zurecht, schlug ihn zusammen und band ihm den Gürtel um.

Als der Schuster ihn so angekleidet hatte, sagte er: »So, mein Lieber, nun rühre dich, daß es dir warm wird. Kannst du gehen?«

Der Mann stand da und sah Simon gerührt an; doch konnte er kein einziges Wort hervorbringen. So gingen sie die Straße hinunter, und Simon sagte: »Wo bist du her?«

»Ich bin nicht von hier.«

»Dir hat wohl jemand etwas zuleide getan?«

»Mir hat niemand was zuleide getan, mich hat Gott gestraft.«

»Natürlich, immer ist es Gott. Aber irgendwo mußt du doch bleiben. Wo willst du denn hin?«

»Mir ist alles gleich.«

Der Schuster wunderte sich. Aber dann sprach er zu dem

Mann: »Nun, dann komm mit mir nach Haus und erhole dich.«

Als Simon mit dem Fremden in die Stube trat, machte Matriana, sein Weib, ein böses Gesicht. Der Schuster tat so, als ob er nichts merke, und lud den erschöpften Mann zum Abendbrot ein. Da packte Matriana die Wut.

»Gekocht habe ich schon, aber nicht für dich. Ich sehe, du hast deinen Verstand vertrunken. Du bist einen Pelz kaufen gegangen und bist ohne Kaftan zurückgekommen und hast noch irgendeinen nackten Strolch mitgebracht. Für euch Trunkenbolde habe ich kein Abendbrot.«

Matriana wollte weiter schimpfen, da sah sie aber den Fremden an und konnte nichts mehr sagen. Sie trat von der Tür weg und ging in die Ecke, wo der Ofen stand, und holte das Abendessen.

Gegen Morgen erwachte Simon. Die Kinder schliefen; das Weib war zu den Nachbarn gegangen, um sich Brot auszuborgen. Nur der Fremde saß auf der Bank in den alten Hosen und dem Hemd und blickte nach oben. Sein Gesicht war viel heller als gestern.

Und Simon sprach: »Na, mein lieber Junge, der Leib will Brot und der nackte Körper Kleider. Wie ist es, kannst du arbeiten?«

»Ich habe nichts gelernt, aber wenn die anderen arbeiten, werde ich das auch tun.«

»Wie heißt du?«

»Michael.«

»Michael, wenn du von dir nichts erzählen willst, so magst du es damit halten, wie du willst, aber essen, das muß man. Du wirst arbeiten, was ich dir auftrage, und ich werde dir dafür zu essen geben.«

Michael begriff alles sofort, welche Arbeit ihm Simon auch zeigen mochte. Am dritten Tag begann er schon zu arbeiten, als ob er sein Leben lang geschustert hätte. Auf die

Straße ging er nicht, sprach kein überflüssiges Wort, scherzte nicht, lachte nicht. Man hatte nur ein einziges Mal gesehen, daß er lächelte, und das war am ersten Abend gewesen, als das Weib ihm das Abendbrot reichte.

Ein Tag folgte dem anderen, eine Woche der anderen, und bald war ein Jahr um. Und aus dem ganzen Bezirk begann man zu Simon zu wandern, um Stiefel bei seinem Gesellen Michael zu bestellen. Und Simon begann, sich ein Vermögen zu erwerben.

Einmal, es war im Winter, saß Michael und arbeitete: da kam eine Troika mit Schellengeläut angefahren. Sie blickten durchs Fenster – die Troika hielt der Hütte gegenüber, ein Bursche sprang vom Kutscherbock und öffnete den Schlag; aus dem Wagen stieg ein feiner Herr in einem Pelz. Er ging auf Simons Haus zu und schritt das Treppchen hinauf.

Als er eintrat, verbeugten sich Matriana und Simon und sahen den Herrn erstaunt an. Ein Mensch wie aus einer anderen Welt: das Gesicht rot und zum Platzen voll; der Nacken wie bei einem Stier; der ganze Mensch wie aus Eisen gegossen.

Der Herr verschnaufte sich, nahm den Pelz ab und setzte sich auf eine Bank und sprach:

»Nimm Maß, Schuster, ich will ein Paar kostbare Stiefel von dir.«

Simon erschrak, aber dann nähte er einen Papierstreifen von zehn Werschock zusammen, glättete ihn und kniete nieder, rieb sich die Hand säuberlich an der Schürze ab, um den Strumpf des Herrn nicht schmutzig zu machen, und begann, Maß zu nehmen.

Der Herr saß da, bewegte die Zehen im Strumpf und betrachtete die Leute in der Stube. Da erblickte er Michael.

»Wen hast du da?«

»Dies da ist der Meister selbst. Er wird auch die Stiefel nähen.«

»Paß auf!« sagte der Herr zu Michael, »denke daran und mach mir die Stiefel so, daß sie ein Jahr lang halten.«

Simon sah sich nach Michael um. Michael aber sah den Herrn gar nicht an und starrte in den Winkel hinter den Herrn, als ob er dort irgend jemanden sähe. Michael sah lange hin, und plötzlich lächelte er.

»Was grinst du, du Esel? Paß lieber auf, daß sie rechtzeitig fertig werden.«

Und Michael antwortete: »Sie werden genau zur rechten Zeit fertig sein.«

Und Simon sagte zu Michael: »Die Arbeit haben wir nun angenommen; daß uns die Sache jetzt nur nicht verunglückt! Die Ware ist teuer, und der Herr läßt mit sich nicht spaßen.«

Doch als es auf den Mittag zuging, hatte der sonst so folgsame Michael keine hohen Schaftstiefel mit Rand, vielmehr ein Paar Leichenschuhe ohne Sohle zusammengenäht.

Simon und Matriana waren zutiefst bestürzt und fürchteten um ihr Leben. Da trat plötzlich der Bursche des Herrn erneut in die Schusterstube.

»Die Gnädigste schickt wegen der Stiefel. Sie sind nicht mehr nötig. Der Herr hat noch im Wagen das Zeitliche gesegnet. Ich soll umbestellen und auf Leichenschuhe warten.«

Michael nahm die Lederreste vom Tisch, rollte sie zusammen, nahm auch die fertigen Leichenschuhe und schlug sie gegeneinander, wischte sie mit der Schürze ab und reichte sie dem Burschen. Der Bursche nahm sie und verabschiedete sich: »Lebt wohl, Meister, alles Gute!«

Michael lebte schon das sechste Jahr bei Simon, da kam eine Kaufmannsfrau zu ihnen auf den Hof, an ihrer Hand zwei kleine Mädchen in Pelzchen und geblümten Tüchern. Die Mädchen glichen sich wie ein Ei dem anderen; man konnte sie nicht unterscheiden. Nur hatte die eine einen

lahmen Fuß und hinkte beim Gehen. Die Frau wollte Lederstiefelchen für sie bestellen. Schnell wurde sie sich mit Simon einig. Wieder sollte Michael die feine Arbeit ausführen, doch als sich Simon nach ihm umwendete, hatte dieser seine Arbeit beiseite gelegt und starrte die Kinder an, als ob sie ihm bekannt wären.

Simon nahm Maß und fragte dann, auf das lahme Kind zeigend: »Wie ist das gekommen? So ein hübsches Mädchen, hat sie es von Geburt?«

»Nein, die Mutter hat ihr im Sterben das Füßchen gequetscht.«

Hier mischte sich Matriana ins Gespräch: »Bist du denn nicht die Mutter?«

»Ich bin weder die Mutter, noch bin ich mit ihnen verwandt. Es sind fremde Kinder, Findelkinder, aber ich habe sie beide an meiner Brust genährt. Ihre Mutter ist noch im

Wochenbett gestorben und ich war von allen Frauen im Dorf die einzige, die ein kleines Kind hatte; meinen erstgeborenen Sohn nährte ich die achte Woche. Ich war jung und kräftig, und meine Nahrung war gut. Ja, so viel Milch gab mir Gott in die Brüste, daß sie manchmal überflossen. Manchmal nährte ich die zwei, und das dritte wartete; ließ ich das eine los, so nahm ich das dritte. Und Gott hatte es so gefügt, daß ich diese zwei aufzog und meinen Jungen nach zwei Jahren begrub. Und weiter gab mir Gott keine Kinder. Aber unser Wohlstand begann zu wachsen, und wir führen ein gutes Leben. Wie hätte ich es ausgehalten, hätte ich nicht diese Mädchen! Sie sind mein ganzer Sonnenschein.«

So plauderten sie miteinander; die Frau erhob sich, um zu gehen. Die Wirtsleute gaben ihr das Geleit. Michael aber saß, die Hände auf den Knien gefaltet, blickte in die Höhe und lächelte.

Als sie zurückkehrten, erhob sich Michael von der Bank, legte die Arbeit beiseite, nahm die Schürze ab, verbeugte sich und sprach: »Verzeiht mir, Meister und Meisterin; Gott hat mir verziehen, so verzeiht auch ihr mir.«

Und die Schustersleute sahen voller Staunen, daß von Michael ein Licht ausstrahlte.

»Gott bestrafte mich, weil ich ihm nicht gehorcht habe. Ich war ein Engel im Himmel, und Gott schickte mich aus, die Seele einer jungen Frau zu holen. Ich flog auf die Erde und sah die Frau einsam und krank daliegen; sie hatte Zwillinge zur Welt gebracht, zwei Mädchen. Wie die Frau mich erblickte, begann sie zu weinen und zu bitten: »Engel Gottes, soeben haben sie meinen Mann begraben; ein Baum im Walde hat ihn erschlagen. Ich habe keine Schwestern, keine Tante, keine Großmutter. Ich habe niemanden, der die Waisen großziehen könnte; nimm mir meine arme Seele nicht, laß mich selber meine Kinder stillen, großziehen und auf die Beine stellen. Ohne Vater und ohne Mutter können die Kinder nicht bleiben«. Und ich erhörte die Mutter, legte ihr das eine Kind an die Brust und gab ihr das zweite in die Arme und flog empor zum Himmel.

Gott aber wollte die Seele dieser Frau, also flog ich wieder hinunter und nahm ihr das Leben, dann fielen meine Flügel ab und du, Simon, hast mich nackt aufgelesen. Als Matriana mir zu essen gab, erkannte ich zum ersten Mal Gott in den Menschen. Ich begriff, daß in den Menschen die Liebe ist, deshalb lächelte ich. Als im folgenden Jahr der Reiche seine Schaftstiefel bei euch bestellen wollte, erblickte ich hinter seinem Rücken den Todesengel. Und ich begriff, daß es den Menschen nicht gegeben ist, in die Zukunft zu schauen. Und ich lächelte zum zweiten Male. Jetzt habe ich erfahren, wie die Zwillingsmädchen am Leben geblieben sind: Ich meinte, daß Kinder ohne Vater und Mutter nicht leben können. Aber ein fremdes Weib hat sie ernährt und sie großgezogen, und als die Frau Tränen der Rührung vergoß über die fremden Kinder, da erblickte ich in ihr den lebendigen Gott und begriff, wovon die Menschen leben, nämlich von der Liebe, und ich sah, daß Gott mir verziehen hatte, und ich lächelte zum dritten Male.«

Da fielen die Kleider vom Leibe des Engels, und er stand da, ganz von Licht umflossen, daß ihre Augen ihn nicht ansehen konnten, und er sang zum Preise Gottes, und vor seiner Stimme erbebte die Hütte und teilte sich die Decke, und eine Feuersäule stieg von der Erde himmelwärts. Und Simon und sein Weib und die Kinder sanken in die Knie zur Erde. Und dem Engel wuchsen die Flügel, und er hob sich empor zum Himmel.

Und als Simon wieder zur Besinnung kam, stand die Hütte da genau wie früher, und drinnen war niemand außer den Seinigen.

nach der Erzählung »Der Engel Gottes« von Leo Tolstoi

Nic. Van Aelst for.

Die erste Elegie

Wer, wenn ich schriee,
hörte mich denn aus der Engel Ordnungen?
und gesetzt selbst, es nähme
einer mich plötzlich ans Herz; ich verginge von seinem
stärkeren Dasein. Denn das Schöne ist nichts als
des Schrecklichen Anfang, den wir noch grade ertragen,
und wir bewundern es so, weil es gelassen verschmäht,
uns zu zerstören. Ein jeder Engel ist schrecklich.

Rainer Maria Rilke

Rilkes Engel sind ein Sonderfall in der Literatur. Der Dichter hat sich in den Duineser Elegien intensiv mit ihnen auseinandergesetzt. Auffällig ist dabei, wie sehr er sich vor seinen Engelsgestalten fürchtet. Aus der zweiten Elegie spricht sogar Todesangst:

»Jeder Engel ist schrecklich. Und dennoch, weh mir,
ansing ich euch, fast tödliche Vögel der Seele...«

Auch die Menschen der Bibel fürchten sich zunächst immer, wenn ihnen ein Gottgesandter gegenübertritt; sie fallen auf die Erde, verbergen ihr Gesicht vor der überwältigenden Präsenz des Engels. »Fürchte dich nicht«, heißen denn auch häufig die Begrüßungsworte, die die Engel des Alten und Neuen Testaments an die Menschen richten. Neben dieser Bibeltradition hatte Rainer Maria Rilke wohl noch einen ganz persönlichen Grund, Angst vor Engeln zu hegen. Er hatte zeitlebens ein schwer gestörtes Verhältnis zu seiner Mutter. In den Engelsgestalten seiner Dichtung soll er diesen traumatischen Erfahrungen Ausdruck verliehen haben.

Die besondere Mutter

Die meisten Frauen werden durch Zufall Mutter, viele freiwillig, einige unter gesellschaftlichem Druck, andere haben es lange geplant und erhofft. Tatsache ist, daß jedes Jahr hunderttausend behinderte Kinder weltweit geboren werden.

Auch die Amerikanerin Marjorie Harper wurde Mutter einer behinderten Tochter. Sie setzt sich dafür ein, daß gerade in der heutigen Zeit, wo durch vorgeburtliche Diagnostik Behinderungen der Leibesfrucht bereits während der Schwangerschaft festgestellt werden können, Behinderte und ihre Angehörigen nicht ausgegrenzt werden.

Der Druck auf moderne Mütter, einen behinderten Embryo abtreiben zu lassen, wächst mit dem ärztlichen Fortschritt. Für Marjorie Harper sind aber auch solche Kinder ein Geschenk. Ihre Mütter sind sorgfältig von Gott auserwählt und verfügen über durchaus erfrischende und zupackende Charaktereigenschaften:

Ich stelle mir vor, wie Gott über der Erde schwebt und sich die Werkzeuge seiner Arterhaltung mit größter Sorgfalt und Überlegung aussucht. Er beobachtet sehr genau und diktiert dann seinen Engeln Anweisungen ins riesige Hauptbuch.

»Armstrong, Beth: Sohn. Schutzheiliger: Matthias. Forest, Marjorie: Tochter. Schutzheilige: Cecilie. Rutledge, Carrie: Zwillinge. Schutzheiliger? Gebt ihr Gerard, der ist es gewohnt, daß geflucht wird.« Schließlich nennt er einem Engel einen Namen und sagt lächelnd: »Der gebe ich ein behindertes Kind.«

Der Engel wird neugierig. »Warum gerade ihr, o Herr? Sie ist doch so glücklich.«

»Eben deswegen«, sagt Gott lächelnd. »Kann ich einem behinderten Kind eine Mutter geben, die das Lachen nicht kennt? Das wäre grausam.«

»Aber hat sie denn die nötige Geduld?« fragt der Engel.

»Ich will nicht, daß sie zuviel Geduld hat, sonst ertrinkt sie in einem Meer von Selbstmitleid und Verzweiflung. Wenn der anfängliche Schock und Zorn erst abgeklungen sind, wird sie es tadellos schaffen. Ich habe sie heute beobachtet. Sie hat den Sinn für Selbständigkeit und Unabhängigkeit, die bei Müttern so selten und so nötig sind. Verstehst du, das Kind, das ich ihr schenken werde, wird in seiner eigenen Welt leben. Und sie muß es dazu bringen, in der ihren zu leben. Das wird nicht leicht werden.«

»Aber Herr, soviel ich weiß, glaubt sie nicht einmal an dich.«

Gott lächelt. »Das macht gar nichts, das bringe ich schon in Ordnung. Nein, sie ist hervorragend geeignet. Sie hat genügend Egoismus.«

Der Engel ringt nach Luft. »Egoismus? Ist das denn eine Tugend?«

Gott nickt. »Wenn sie sich nicht gelegentlich von dem Kind trennen kann, wird sie das alles nicht überstehen. Diese Frau ist es, die ich mit einem nicht ganz vollkommenen Kind beschenken werde. Sie weiß es zwar noch nicht, aber sie ist zu beneiden. Nie wird sie ein gesprochenes Wort als etwas Selbstverständliches hinnehmen. Nie einen Schritt als etwas Alltägliches. Wenn ihr Kind zum ersten Mal Mama sagt, wird ihr klar sein, daß sie ein Wunder erlebt. Wenn sie ihrem blinden Kind einen Baum, einen Sonnenuntergang schildert, wird sie ihn so sehen, wie nur wenige Menschen meine Schöpfung jemals sehen.

Ich werde ihr erlauben, alles deutlich zu erkennen, was auch ich erkenne – Unwissenheit, Grausamkeit, Vorurteile –, und ich werde ihr erlauben, sich darüber zu erheben.

Sie wird niemals allein sein. Ich werde bei ihr sein, jeden Tag ihres Lebens, jede einzelne Minute, weil sie meine Arbeit ebenso sicher tut, als sei sie hier neben mir.«

»Und was bekommt sie für einen Schutzheiligen?« fragt der Engel mit gezückter Feder.

Da lächelt Gott. »Ein Spiegel wird genügen.«

Wie die Moosrose entstanden ist

Der Engel, welcher die Blumen zu besorgen hat und während der Nacht den erfrischenden Tau über sie ausschüttet, schlummerte an einem schönen Frühlingstag im Schatten eines Rosenbusches. Als er lächelnd erwachte, sprach er: »Oh, du liebstes aller Blumenkinder, ich danke dir für deinen feinen Duft und den wohlriechenden Schatten. Wenn du einen Wunsch hast, bin ich glücklich, ihn dir zu erfüllen.«

»Schmücke mich mit einer neuen Zierde«, antwortete der geschickte Rosenbusch.

Daraufhin drückte ihm der Engel Mooskronen auf alle seine Blüten. Voller Dank verneigte sich der Busch in seinem neuen Gewande. Die Moosrose, die schönste aller Rosen, denkt man sich auf diese Weise entstanden.

Mögen Engel Tiere?

Sehr wahrscheinlich ja, schließlich sind sie ein wichtiger Teil der Schöpfung. Angelologischen Gerüchten zufolge sollen Haustiere ja sogar ihre eigenen Schutzengel haben!

Ganz anders sieht es wohl bei den Drachen aus. In der Legende vom heiligen David und dem Drachen behält ein Experte in Sachen Drachenbezwingen, der Erzengel Michael, zum Glück den Überblick.

Der heilige David war ein Mann, der die Natur liebte. Eines Tages entdeckte er zu seinem Schrecken, daß in der Umgebung seiner Einsiedelei viele Tiere zerfleischt worden waren, und zwar von einem großen, fürchterlichen Drachen mit blutunterlaufenen Augen und einem Horn, das zu seiner Stirn herauswuchs, und einer großen Mähne auf dem Rücken. Der heilige David drohte dem Drachen, daß er Hackfleisch aus ihm machen würde, falls dieser die Gegend nicht verlasse. Da gestand ihm der Drache, daß er sich nur wegen seiner großen Angst vor Blitz und Donner nicht weggetraut habe. Schließlich einigten sich die beiden darauf, daß der Drache an einem schönen Tag fortgehen werde. Außerdem sollte ihn der Heilige bis zum Fluß begleiten und dabei keine Sekunde aus den Augen lassen. Das verlangte der Drache zu seiner eigenen Sicherheit.

Am nächsten schönen Tag brachen sie auf. Als sie schon fast beim Fluß angekommen waren, verschlechterte sich plötzlich das Wetter. Der Einsiedler vernahm die Stimme des Erzengels Michael hinter sich, der ihn beim Namen rief. Der heilige David erschrak, dachte nicht mehr an sein Versprechen und drehte sich um. Augenblicklich wurde der arme Drache vom Blitz getroffen und verbrannte zu Asche.

David beklagte sich über diesen üblen Streich, aber der Erzengel gab ihm eine Erklärung: Hätte der Drache den Fluß erreicht, wäre dieser so schnell gestiegen, daß viele Schiffe zerstört und die Küsten verwüstet worden wären.

nach einer Erzählung von Malcolm Goodwin

Die Jungfrau auf dem Nußhardt

Die folgende Geschichte stammt aus dem 19. Jahrhundert. Es ist also wieder einmal kein »echter« Engel zu finden, aber die Figur der schönen blassen Jungfrau erinnert irgendwie an ein mystisches Wesen...

Ein junger Schäfer aus Bischofsgrün trieb einmal seine Herde bis hinauf zu den steilen Felsklippen des Nußhardt. Als er sein Stücklein Brot verzehrt hatte, stieg er den Abhang hinunter zu einer Quelle, die er dort wußte. Da sah er vor dem kleinen Wasserbecken eine weiße Frau knien. Die hatte ihr langes Haar aufgelöst, daß es wie ein glänzender Mantel über ihren Rücken fiel und bis ins Wasser niederhing. Mit einem zierlichen Elfenbeinkamm strich sie sanft hindurch und sah dabei in das klare Wasser wie in einen Spiegel. Dann flocht sie die goldene Flut in zwei Zöpfe und legte sich einen Kranz um den Kopf. Als sie fertig war, pflückte sie vom Rand der Quelle einen Strauß Vergißmeinnicht und steckte ihn in ihren Gürtel. Dann schwebte sie anmutig den Hang hinauf. Jetzt erst sah der Schäfer ihr schönes, blasses Gesicht, und sein Herz schlug so laut, daß er meinte, es müsse ihn verraten. Da schlich er ihr leise nach und sah, wie sie auf einer Wiese Flachs in der Sonne ausbreitete. Dazu sang sie eine Weise, die der Schäfer noch nie gehört hatte und die so todtraurig klang, daß ihm ein Schauer durch Mark und Bein ging. Als die Jungfrau das letzte Bündel ausgebreitet hatte, verschwand sie zwischen den Felsen, und der Schäfer fand keine Spur mehr von ihr. Am nächsten Tag konnte er es kaum erwarten, bis er mit seinen Schafen wieder droben am Nußhardt war. Er sah auch die Jungfrau wieder, und als sie einmal von ihrer Arbeit aufschaute, bemerkte sie auch den Lauscher. Augenblicklich brach sie ihren Gesang ab und schaute den Bur-

schen starr an. Dann hob sie ihre lilienweiße Hand und winkte ihm. Zaghaft kam er näher, und weil er nicht wußte, was er beginnen sollte, kniete er neben sie auf den Boden und half ihr den Flachs wenden. Ehe sie schied, zog sie unter ihrem Kleid ein Buchenblatt hervor, das funkelte in der Sonne wie gutes Gold, und gab es ihm. Er steckte es achtlos in die Tasche und sah ihr nach, bis sie verschwunden war.

So ging es sechs Tage lang. Aber niemals sprach die Jungfrau nur ein Wort, und sooft sich auch der Schäfer vornahm, sie anzureden, verging ihm doch immer der Mut, wenn er ihr stilles und trauriges Gesicht sah. Am siebenten Tag, als der Flachs auf Büschel gebunden war und die Jungfrau ihrem getreuen Helfer sein goldenes Blatt gegeben hatte, sah sie ihn mit einem glückliche Lächeln an und sprach: »Nun wirst du mich nicht mehr sehen. Am Sankt-Petri-Tag aber komm wieder hierher, und wer dir zwischen den Felsen begegnet, den küsse dreimal auf den Mund, so hältst du dein Glück in Händen.« Wochenlang trieb der Schäfer seine Herde noch auf den Nußhardt. Die Jungfrau aber sah er nirgends mehr. Am Sank-Petri-Tag, es war ein Sonntag, erhob er sich, ohne in der Nacht ein Auge zugetan zu haben, schon vor dem Tagesgrauen und eilte auf den Berg. Der Sturm tobte in den Wipfeln, und je höher der Schäfer stieg, desto verwirrter wurde sein Sinn. Stundenlang wartete er droben zwischen den Felsen und auf der Waldwiese vergebens. Da, als drunten in Bischofsgrün die Vaterunserglocke klang, kam aus dem Felsen an einem Stock ein altes, häßliches Weib gehumpelt. Mit ihren roten Triefaugen schaute sie den Burschen giftig an, und aus ihrem breiten geifernden Maul sprudelte sie ihm eine Flut unverständlicher Schimpfworte entgegen. Da stieg ihm der Ekel bis an den Hals. Entsetzt streckte er die Arme aus wie zur Abwehr und floh den Abhang hinab. Hinter ihm zerfetzte der Sturm einen Schrei, wie ihn wohl nur ein Mensch in Todesnot ausstößt. Holzhauer fanden am anderen Morgen den Schäfer im Wald und trugen ihn heim zu seiner Mutter. Wochenlang lag er in einem hitzigen Fieber, und als er wieder aufstand, war sein Geist verstört. Eines Tages war er verschwunden. Beerensuchende Weiber und Kinder sahen ihn wohl zuweilen noch ruhelos zwischen den Felsen des Nußhardt herumirren. Aber was aus ihm geworden war, hat niemand erfahren.

nach den Brüdern Grimm

Mit den Engeln unser Seelenfenster putzen

Schon immer haben Menschen versucht, von sich aus mit Engeln in Kontakt zu kommen. Die Methoden waren sehr unterschiedlich. Die Spannweite reicht von den friedvollen, täglichen Engelskommunionen der alten Essener (vgl. Kap. V) über die Zauberriten und Zahlenmystik des Mittelalters bis zu den modernen Meditationen aufgeschlossener Kirchenleute und Esoteriker.

Terry L. Taylor versucht seit Jahren, einen »Draht« zu Schutzgeistern zu entwickeln. Sie gilt als esoterische Engelspezialistin. Ob die folgende Übung einen Engel erreicht, kann niemand vorhersagen. In jedem Fall sorgt sie für tiefe Entspannung und gute Laune, und das ist vielleicht auch schon ein wichtiger Schritt in die richtige Richtung.

Setzen Sie sich bequem hin. Wenn Sie sich hinlegen, könnten Sie einschlafen. Einzuschlafen ist in Ordnung, aber probieren Sie es erst sitzend. Gehen Sie in den Engelalphazustand: Nehmen Sie eine tiefen Atemzug bis in den Unterbauch hinein, atmen Sie dann aus, entspannen Sie Ihren Körper.

Wenn Sie sich entspannt und körperlich bequem fühlen, beachten Sie die Geräusche in Ihrem Umfeld und die Veränderungen Ihres Bewußtseinszustandes. Beginnen Sie, sich auf das elektrische Zentrum Ihres Gehirns zu konzentrieren.

Lassen Sie einen warmen Strom golden-rosa Lichts an diesem Zentrum erglühen. Das Licht beruhigt Sie, und Sie fangen an, den liebevollen Schutz Ihrer Engel zu fühlen, während das Licht heller glänzt. Elektrische Impulse – Ihre Gehirnwellen – verlangsamen sich allmählich. Benutzen Sie Ihre Vorstellungskraft, um sich vorzustellen, wie die Wellen sich zu einem sanften, rollenden Rhythmus verlangsamen. Stellen Sie mentalen Frieden her. Es könnten Gedanken einsetzen. Die Gedanken werden friedlich vorüberziehen, wenn Ihnen keine Bedeutung zugemessen wird. Behalten Sie im Bewußtsein, in Ihrem friedlichen Bewußtsein, daß Gedanken nichts von Liebe wissen, Liebe kommt vom Herzen. Zwingen Sie die Gedanken nicht fort. Falls sich ein störender Gedanke einzunisten scheint, entlassen Sie ihn geistig, indem Sie nicht darauf reagieren. Bitten Sie die Engel, den Gedanken fortzunehmen und ihn zu transformieren. Lassen Sie sich darauf ein, daß Sie im Reich der Engel sind, in dem es keine Schwerkraft gibt. Ihre Gedanken bewegen sich auf Sie zu, kommen nahe und fliegen dann weiter. Falls Sie merken, daß Sie sich konzentrieren, hören Sie damit auf. Achten Sie auf Ihre Aufmerksamkeit, ohne sich anzustrengen.

Fangen Sie an, sich mit weißem Licht zu umgeben, in dem rosa und goldene Flecken glitzern. Fühlen Sie, wie sich die Flecken mit Ihren eigenen Zellen vermischen und Ihnen Frieden schenken. Besinnen Sie sich auf die Unschuld eines kleinen Kindes. Dies kleine Kind sind Sie. Falls ein negativer Gedanke um Aufmerksamkeit kämpft, bitten Sie einen Engel um einen Radiergummi und radieren Sie den Gedanken aus Ihrem Bewußtsein aus. Sagen Sie dem Kind in Ihnen, daß es geliebt und von den Engeln beschützt wird und zu allen Zeiten eins ist mit seinem Schutzengel. Lassen Sie Ihre Unschuld sich ausdehnen. Was immer nun geschieht, betrachten Sie es durch das Seelenfenster Ihres inneren Kindes. Stellen Sie sich eine Blume und ihren Duft vor, betrachten Sie sie mit dem Staunen eines Kindes. Blumen sind Kunstentwürfe der Engel. Jetzt sehen Sie sich durch ein Blumenfeld laufen. Die Blumen reichen bis zu Ihnen hinauf und bürsten Sie sanft mit noch mehr Unschuld, während Sie an ihnen vorübergleiten.

Erkennen Sie, daß dieses Kind Ihr höheres Selbst ist. Der Geist der Weisheit hat Ihr Wesen erfüllt. Sie sind eins mit dem beschützten Kind. Nun sind Sie bei den Engeln – unschuldig und geliebt – mit unendlicher Weisheit erfüllt. Sie haben Ihre Schwingungen angehoben, indem Sie Ihren Geist wie ein unschuldiges Kind geöffnet haben. Ihr engelhaftiges Energiesystem ist nun vollkommen intakt. Die Engel verschenken nun Botschaften und Saaten von Ideen, um sie in Ihnen gedeihen zu lassen. Also, seien Sie still, urteilen Sie nicht, halten Sie nicht nach Sensationellem Ausschau, und halten Sie Ihre Liebe aufrecht. Botschaften werden zu manchen Zeiten zu Gedanken, gewöhnlich später, als Sie es erwarten. Es ist wichtig, im Zentrum des mentalen Friedens, den Sie erschaffen haben, zu ruhen. Falls Sie diesen stillen Raum verlieren, kommen Sie zurück. Dies ist eine Zeit der inneren Vorbereitung und Pflege, es ist nicht die Zeit für Aktivitäten. Es ist eine Zeit, etwas im stillen über Ihr inneres Selbst zu erfahren.

Bis zu diesem Punkt haben Sie sich etwas Zeit zur inneren Schau genommen. Es ist nun an der Zeit, Ihren Geist neu- oder umzuprogrammieren, wenn Sie wollen. Bitten Sie die Engel, Ihnen zu helfen, das Positive zu bejahen. Falls etwas Negatives hereinströmt, bleiben Sie objektiv. Falls es Ihnen sagt, daß Sie nicht wertvoll sind, oder falls es Sie wütend macht, stehen Sie abseits Ihres emotionalen Selbst, reagieren Sie nicht. Benutzen Sie Bewußtheit wie einen Radiergummi und tilgen Sie das negative Gefühl, ersetzen Sie den freien Raum mit Freude. Programmieren Sie positive Gedanken und Bestätigungen, die Ihnen bleiben und alle negativen Strukturen und Gedanken ersetzen. Tun Sie das auf jede Art und Weise, die bei Ihnen funktioniert. Sie können Erklärungen abgeben und die Engel bitten, Ihre Ziele und Bestrebungen zu segnen. Geben Sie diesem Prozeß ausreichend Zeit; wenn Sie fertig sind, ändern Sie Ihr Bewußtsein in Richtung auf die Betaebene des Wachzustandes.

Bevor Sie wieder in die Erdatmosphäre eintreten, nehmen Sie sich einen Moment Zeit, um all die geistige Schwerkraft aus Ihrem Gesicht zu entlassen. Gestatten Sie einem strahlenden, friedvollen Lächeln, sich auszudehnen, bis es durch Ihren gesamten Körper strömt. Ihre Gesichtsmuskeln entspannen sich, und Ihre Augen fühlen sich hell und klar an. Sie betrachten die Welt nun durch ein himmlisches rosafarbenes Kristallglas, und Ihre Sinne sind auf göttlichen Humor und Wonne eingestellt. Lauschen Sie dem Gekicher und blitzenden Gelächter der Engel, antworten Sie mit Ihren Schwingungen auf deren Freude. Nehmen Sie einen tiefen Atemzug, und lassen Sie die Freude Ihre Zellen durchdringen. Nun kommen Sie sanft und langsam zurück. Verharren Sie in dieser Seligkeit, bleiben Sie zentriert bei sich selbst, bewahren Sie die Freude göttlichen Humors.

Wenn Ihr Bewußtsein wach ist und bereit, den Anregungen und Reizen Ihrer Umgebung gegenüberzutreten, bewegen und strecken Sie sich, wie Sie wollen. Seien Sie sich im klaren, daß Sie nun ein lichteres Wesen sind, und Ihr Licht wird von allem, was Sie tun, reflektiert werden.

Terry L. Taylor

Die Engelsbeschwörung in den griechischen Zauberpapyri (300 n. Chr.)

Bei den alten Griechen gab es Bruderschaften, die ihre Götter mit geheimnisvollen Riten und Zauberformeln anriefen, die nur Eingeweihte kannten. Engel sollten ihnen dabei helfen.

Die folgende Engelsbeschwörung stammt aus einer Epoche, als viele Menschen fürchteten, ihre Götter hätten sich von ihnen abgewandt. Sie müssen überredet werden, sich ihren Geschöpfen wieder zu nähern, und wenn sie gekommen sind, muß der Magier sie unter Eid nehmen. Der Magier, der hier zu Wort kommt, fürchtet, von den Göttern zurückgelassen und vergessen zu werden.

... nachdem du dich vorher reingehalten und dich des Belebten enthalten hast und aller Unreinheit und in einer beliebigen Nacht hinaufgestiegen bist in ein hochgelegenes Gemach, rein gekleidet, ... sprich das erste Gebet zur Vereinigung beim Absterben des Sonnenlichts... trag einen ganz schwarzen Isisriemen über den Augen und halt in der rechten Hand den Kopf des Falken und... wenn die Sonne aufgeht, begrüße sie, indem du seinen Kopf herabwirfst und dabei das folgende heilige Gebet hersagst, unzerschnittenen Weihrauch opferst und Rosenöl als Spende darbringst, nachdem du das Opfer vollzogen hast auf einem irdenen Räucheraltar über Pflanzenkohlen von Heliotrop.

Und das wird dir, wenn du das Gebet hersagst, ein Zeichen sein: ein Falke wird herabfliegen und dir gegenüber Stellung nehmen und in der Mitte des Zimmers mit den Flügeln schlagen und sogleich, nachdem er einen länglichen Stein hat fallen lassen, auffliegen nach dem Himmel. Und du, hebe diesen Stein auf, bearbeite ihn rasch, graviere ihn nachher, und wenn er graviert ist, durchbohre ihn, durchzieh ihn mit einem Faden und schnüre ihn um deinen Hals.

Spätabends aber geh wieder hinauf in dein Gemach, stell dich ins Licht der Mondgöttin gegenüber und sprich den folgenden Hymnus, indem du wieder in derselben Art ein Rauchopfer aus Myrrha troglitis darbringst, und nachdem du ein Feuer angezündet hast, halt einen Myrtenzweig... ihn schüttelnd, und begrüße die Göttin. Und bald wird dir ein Zeichen folgender Art werden: ein leuchtender Stern wird herabkommen und wird sich mitten in das Gemach stellen, und ist der Stern vor deinem Auge zerflossen, wirst du erblicken den Engel, den du gerufen hast und der dir gesandt ist, und sofort wirst du die Ratschlüsse der Götter erfahren.

Du aber zage nicht; geh hin zum Gott und nimm seine rechte Hand und küß ihn und sprich das Folgende zu dem Engel. Denn er wird dir sofort auf alles Rede stehen, was du willst. Du aber beschwör ihn mit folgendem Eid, damit er auch unentwegt bei dir bleibe und nicht vorher schweige und auch in nichts ungehorsam sei...

KAPITEL IV

DER ENGEL DER LETZTEN STUNDE

Der Engel Gottes

»Wenn ein unschuldiges Kind stirbt, wird es in einen Engel verwandelt.« Diesen uralten Volksglauben schmückt der dänische Dichter Hans Christian Andersen in seinem Märchen vom Engel Gottes auf faszinierende Weise aus.

»Jedesmal, wenn ein gutes Kind stirbt, kommt ein Engel Gottes auf die Erde nieder, nimmt das tote Kind in seine Arme, breitet die großen weißen Flügel aus, fliegt überall dorthin, wo das Kind gern gewesen ist, und pflückt eine ganze Handvoll Blumen, die er zu Gott hinaufträgt, wo sie noch schöner blühen als auf Erden. Der liebe Gott drückt alle Blumen an sein Herz, aber die Blume, die ihm am liebsten ist, der gibt er einen Kuß, und dann erhält sie eine Stimme und kann in der großen Glückseligkeit mitsingen.«

Seht, all dies erzählte mir ein Engel Gottes, als er gerade ein totes Kind zum Himmel hinauftrug, und das Kind hörte es wie im Traum; und sie flogen überall dorthin im Hause, wo das Kleine gespielt hatte, und sie kamen durch Gärten mit herrlichen Blumen.

»Welche wollen wir mitnehmen und im Himmel einpflanzen?« fragte der Engel.

Und da stand ein schlanker, herrlicher Rosenstrauch, aber eine böse Hand hatte den Stamm geknickt, so daß alle Zweige, voll von großen, halberschlossenen Knospen, ringsum welk herniederhingen.

»Der arme Strauch!« sagte das Kind. »Nimm ihn mit, damit er droben bei Gott wieder blühen kann!«

Und der Engel nahm ihn mit, küßte aber das Kind dafür, und das Kleine öffnete halb seine Augen. Sie pflückten von den reichen Prachtblumen, nahmen aber auch die verachtete Ringelblume und das wilde Stiefmütterchen.

»Nun haben wir Blumen!« sagte das Kind, und der Engel nickte, aber sie flogen noch nicht zu Gott empor. Es war Nacht, es war ganz still, sie blieben in der großen Stadt, sie schwebten durch eine der engsten Straßen, wo ganze Haufen von Stroh, Asche und Gerümpel lagen, es war Umzug gewesen; hier lagen Scherben von Tellern, Gipsklumpen, Lumpen und alte Hutköpfe, lauter Dinge, die nicht schön aussahen.

Und der Engel zeigte inmitten all der Vergänglichkeit auf ein paar Scherben eines Blumentopfes und auf einen Klumpen Erde, der aus diesem herausgefallen war und von den Wurzeln einer großen verwelkten Feldblume zusammengehalten wurde, die auf die Straße geworfen worden war.

»Die nehmen wir mit!« sagte der Engel. »Ich erzähle dir davon, während wir fliegen.«

Und dann flogen sie, und der Engel erzählte:

»Dort unten in der engen Straße, in dem niedrigen Keller, wohnte ein armer, kranker Junge; von klein auf war er immer bettlägerig gewesen; wenn es am allerbesten ging, konnte er auf Krücken ein paarmal in der kleinen Stube auf und nieder gehen, das war alles. Im Sommer fielen die Sonnenstrahlen an einigen Tagen für eine halbe Stunde in den Kellergang, und wenn dann der kleine Junge dort saß und sich von der warmen Sonne bescheinen ließ und das rote Blut durch seine feinen Finger sehen konnte, die er vors Gesicht hielt, dann hieß es:

'Ja, heute ist er draußen gewesen!'

Er kannte den Wald in seinem schönsten Frühlingsgrün nur daher, daß des Nachbars Sohn ihm den ersten Buchenzweig brachte, und den hielt er sich über den Kopf und träumte dann, er sei unter den Buchen, wo die Sonne schien und die Vögel sangen. An einem Frühlingstag brachte der Nachbarssohn ihm auch Feldblumen mit, und unter diesen war zufällig eine, die noch Wurzeln hatte, und deshalb wurde sie in einen Blumentopf gepflanzt und ins Fenster dicht neben dem Bett gestellt. Und die Blume war von einer glücklichen Hand gepflanzt worden, sie wuchs an, sie schoß neue Triebe und blühte Jahr um Jahr, sie wurde der schönste Garten für den Jungen, sein kleiner Schatz auf dieser Erde, er begoß sie und pflegte sie und sorgte dafür, daß sie jeden Sonnenstrahl bekam bis zu dem letzten, der über das niedrige Fenster hinwanderte; und die Blume selber wuchs in seine Träume hinein, denn sie blühte für ihn, verbreitete ihren Duft und ergötzte das Auge; ihr wandte er sich im Tode zu, als der Herrgott ihn rief. – Seit einem Jahr ist er nun bei Gott, ein Jahr hat die Blume vergessen im Fenster gestanden und ist verwelkt und darum beim Umzug auf den Kehricht der Straße geworfen worden. Und diese Blume ist es, die arme, welke Blume, die wir mit in den Strauß genommen haben, denn diese Blume hat mehr Freude verbreitet als die reichste Blüte im Garten einer Königin.«

»Aber woher weißt du dies alles?« fragte das Kind, das der Engel zum Himmel hinauftrug.

Der Erzengel Michael trägt die Seelen Verstorbener empor.
12. Jh.

»Ich weiß es!« sagte der Engel. »Ich bin ja selbst der kranke kleine Junge gewesen, der auf Krücken ging! Meine Blume werde ich doch erkennen!«

Und das Kind öffnete die Augen ganz und sah in das liebliche, heitere Gesicht des Engels, und im selben Augenblick waren sie in Gottes Himmel, wo Freude und Glückseligkeit herrschten. Und Gott drückte das tote Kind an sein Herz, und da bekam es Flügel wie der andere Engel und flog Hand in Hand mit ihm; und Gott drückte all die Blumen an sein Herz, aber die arme, welke Feldblume küßte er, und sie erhielt eine Stimme und sang mit allen Engeln, die Gott umschwebten, manche ganz nahe, andere in großen Kreisen um diese herum, immer weiter fort ins Unendliche, aber alle waren sie glücklich. Und alle sangen sie, groß und klein, das gute, liebe Kind und die arme Feldblume, die welk auf dem Kehricht gelegen hatte, unter allem Umzugsgerümpel in der engen, düsteren Straße.

Hans Christian Andersen

Zum Engel der letzten Stunde, den wir so hart den Tod nennen, wird uns der weichste, gütigste Engel zugeschickt, damit er gelinde und sanft das niedersinkende Herz des Menschen vom Leben abpflücke und es in warmen Händen und ungedrückt aus der kalten Brust in das hohe wärmende Eden trage. Sein Bruder ist der Engel der ersten Stunde, der den Menschen zweimal küsset, das erste Mal, damit er dieses Leben anfange, das zweite Mal, damit er droben ohne Wunden aufwache und in das andere lächelnd komme, wie in dieses Leben weinend.

Jean Paul

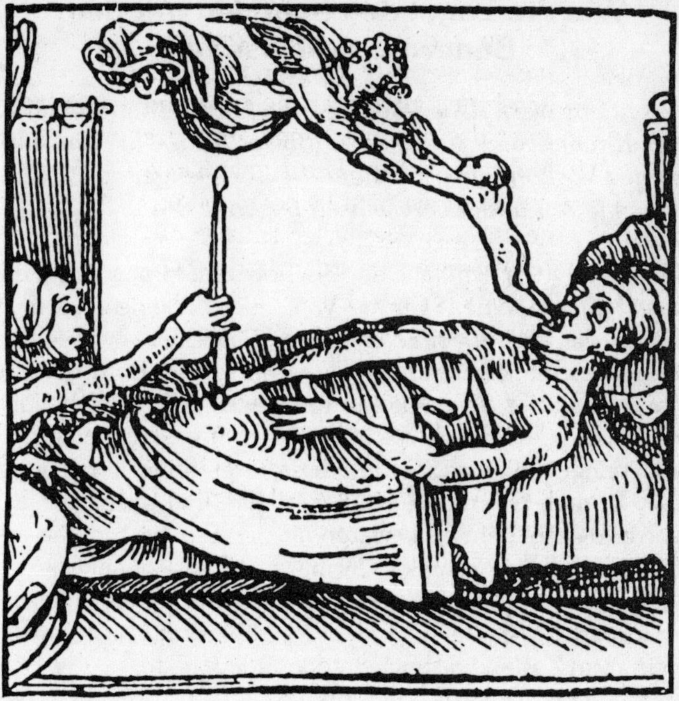

»Der Todesengel empfängt die Seele«
(Holzschnitt von 1508)

Wie die Engel den Schmied mit dem Bauern verwechselten

In seinem Werk »Über die Fürsorge für die Toten« erzählt der Kirchenvater Augustinus (354–430 n.Chr.) ein seltsames Vorkommnis, bei dem die Todesengel zwei Menschen miteinander verwechselt haben:

In einem Ort in der Nähe der Bischofsstadt Hippo wohnten zwei Männer namens Curma, von denen der eine ein armer Bauer, der andere ein Schmied war. Eines Tages wurde der Bauer Curma krank; er lag wie tot in seinem Bett; nur ein ganz schwacher Atem bewahrte ihn vor dem Los, lebendig begraben zu werden. Nach mehreren Tagen erwachte er aus seinem Zustand. Sofort forderte er seine Umgebung auf, zu dem Schmied Curma zu gehen und nachzusehen, wie es diesem gehe. Alle waren nicht wenig erstaunt, als sie hörten, daß der Schmidt Curma in jenem Augenblick gestorben war, in welchem der Bauer Curma das Bewußtsein wiedererlangt hatte. Der Bauer erzählte nun ausführlich, was er im Zustand des Scheintodes erlebt hatte:

Er sei ins Totenreich geführt worden, und dort sei er getauft worden; darauf habe man ihn an den Ort der Seligen gebracht; die Seligen aber hätten ihm beim Abschied gesagt, wenn er wirklich zu ihnen kommen wolle, müsse er sich von Augustinus taufen lassen. Auf seine Bemerkung, er sei ja soeben getauft worden, habe man ihm geantwortet, dies sei nur eine Vision gewesen; er solle sich nun in Wirklichkeit taufen lassen. Als man ihn zu den Lebenden zurückführen wollte, habe er noch gehört, nicht er, der Bauer Curma, sondern der Schmied Curma sei dazu bestimmt gewesen, ins Totenreich geführt zu werden. Am darauffolgendem Osterfest ließ sich der Bauer Curma, wie ihm in der Vision von einem Engel geraten worden war, von Augustinus taufen. Von seiner Krankheit und Vision erzählte er ihm dabei aber nichts.

Erst nach zwei Jahren erfuhr Augustinus den Sachverhalt, als man sich bei Tisch über derartige Dinge unterhielt. Augustinus berichtet selbst, er habe nun nicht eher Ruhe gegeben, bis der Bauer Curma und einige achtbare Männer seines Heimatortes zu ihm gebracht worden seien; hier mußte der Bauer den Tatbestand in allen Einzelheiten erzählen. Seine Begleiter bezeugten, er habe ihnen gleich nach der Vision den Hergang des Ereignisses genau in derselben Weise erzählt.

nach Ferdinand Holböck

Geistwesen begleiten uns ins Jenseits – Die Ergebnisse der Sterbeforscherin Elisabeth Kübler-Ross

Die bekannte Sterbeforscherin und Psychologin Dr. Elisabeth Kübler-Ross ist davon überzeugt, daß wir an der Grenze zum Tod liebevoll erwartet werden:

Was die Kirchen den kleinen Kindern hinsichtlich ihrer Schutzengel erzählen, beruht auch auf Tatsachen, denn es ist ebenfalls bewiesen, daß jeder Mensch von seiner Geburt bis zu seinem Tod von Geistwesen begleitet wird. Jeder Mensch hat solche Begleiter, ob Sie daran glauben oder nicht, ob Sie Jude oder Katholik oder ohne Religion sind, spielt überhaupt keine Rolle. Denn jene Liebe ist bedingungslos, weshalb ein jeder Mensch dieses Geschenk eines Begleiters erhält.

Es handelt sich um jene Begleiter, die meine kleinen Kinder »Spielgefährten« nennen. Ganz kleine Kinder sprechen mit ihren Spielgefährten und sind sich dessen ganz bewußt. Doch sobald sie in die erste Klasse kommen, sagen die Eltern zu ihnen: »Du bist jetzt ein großer Bub. Du gehst nun in die Schule. Jetzt macht man nicht mehr solche kindischen Spiele.«

Somit vergißt man, daß man »Spielgefährten« hat, bis man auf dem Sterbebett liegt. Und dann sagt plötzlich eine sterbende alte Frau zu mir: »Hier ist er wieder.« Und weil ich weiß, wovon sie spricht, frage ich diese Frau, ob sie mit mir das soeben Erlebte teilen könne.

Alsdann erklärt sie mir: »Ja, wissen Sie, als ich ein ganz kleines Kind war, befand er sich immer bei mir. Aber ich habe ganz vergessen, daß er überhaupt existiert.« Und einen Tag später stirbt sie ganz beglückt, daß jemand, der sie unsagbar gern gehabt hatte, wieder auf sie wartet. (...)

Kinder haben die größte Angst davor, in den Momenten des Sterbens allein sein zu müssen und niemanden um sich zu wissen. Doch in dem Augenblick, wo die Umwandlung stattfindet, ist man niemals allein. Man ist auch im täglichen Leben nicht allein, aber man weiß nichts davon. Doch zur Zeit der Verwandlung werden unsere Geistführer, Schutzengel und solche Wesen, die wir geliebt hatten und die schon vor uns hinübergegangen waren, uns zur Seite stehen und uns bei unserer Umwandlung behilflich sein. Wir haben dies immer wieder bestätigt gefunden, so daß wir an dieser Aussage nicht mehr zweifeln. Diese Aussage mache ich, wohlgemerkt, als Wissenschaftlerin! Immer ist jemand als Helfer zugegen, wenn wir jene Umwandlung durchmachen.

(...) Die Kirchen haben ihnen den Namen »Schutzengel« gegeben, während sie von den meisten Forschern als »Geistführer« bezeichnet werden. Es ist unwichtig, welche Bezeichnung wir ihnen geben. Aber es ist wichtig zu wissen, daß jeder einzelne Mensch von dem Augenblick an, wo er den ersten Atemzug tut, bis zu dem Augenblick, wo er sich der Verwandlung übergibt und somit seine physische Existenz beendet, von Geistführern und Schutzengeln umgeben wird, die auf ihn warten und ihm bei der Umwandlung von einem Leben in das andere jenseits des Todes behilflich sein werden.

»Das Licht sprach mit mir« – Die Ergebnisse des Sterbeforschers Dr. R.A. Moody

»In allen Kulturen und Religionen berichten Menschen, die dem Tode nahe waren, von Lichtwesen«, so der amerikanische Arzt Raymond A. Moody. Die Lichtwesen nehmen telepathischen Kontakt mit dem Sterbenden auf, lassen ihn über sein Leben nachdenken und fragen, ob er bereit sei, die Erde zu verlassen:

»Ich wußte, daß ich starb und es nichts gab, was ich dagegen hätte tun können, weil mich doch keiner mehr hörte.

(...) Ich befand mich außerhalb meines Körpers, ganz ohne Zweifel. Ich konnte ihn da auf dem Operationstisch liegen sehen. Meine Seele war ausgetreten! Zunächst drückte mich all das furchtbar nieder, aber dann erschien dieses gewaltig helle Licht. Am Anfang war es wohl ein bißchen matt, aber dann schwoll es zu einem Riesenstrahl – es war einfach eine enorme Lichtfülle, mit einem großen hellen Scheinwerfer überhaupt nicht zu vergleichen, wirklich ungeheuer viel Licht. Außerdem strahlte es Wärme aus; ich konnte sie deutlich spüren.

Das Licht war... einfach unbeschreiblich. Obwohl es alles zu bedecken schien, konnte ich doch meine ganze Umgebung deutlich erkennen – den Operationssaal, die Ärzte und Schwestern, wirklich alles. Ich konnte deutlich sehen. Es blendete überhaupt nicht.

Als das Licht erschien, wußte ich zuerst nicht, was vorging. Aber dann – dann fragte es mich, es fragte mich irgendwie, ob ich bereit sei zu sterben. Es war, als spräche ich mit einem Menschen – nur daß eben kein Mensch da war. Es war wahrhaftig das Licht, das mit mir sprach, und zwar mit einer *Stimme*.

Inzwischen glaube ich, daß die Stimme, die mit mir gesprochen hatte, tatsächlich merkte, daß ich noch nicht zum Sterben bereit war. Wissen Sie, es ging ihm wohl vor allem darum, mich zu prüfen. Dennoch habe ich mich von dem Augenblick an, in dem das Licht mit mir zu sprechen begann, unendlich wohl gefühlt, geborgen und geliebt. Die Liebe, die es ausströmte, ist einfach unvorstellbar, überhaupt nicht zu beschreiben.«

Auch Kinder machen todesnahe Erfahrungen. Sie entsprechen sehr genau jenen der Erwachsenen. Auch Kinder begegnen den Lichtwesen, werden in einen Tunnel geführt und kehren schließlich von dort zurück. So hat es der neunjährige Sam erlebt und Dr. Moody geschildert:

Sam berichtete mir, ... er sei aus seinem Körper herausgeschwebt und habe von oben zugesehen, wie der Doktor auf seine Brust drückte, um sein Herz wieder in Gang zu bringen. An diesem Punkt hatte Sam das Gefühl, sich sehr rasch aufwärts zu bewegen ... Dann sei er durch einen dunklen Tunnel geglitten und auf der anderen Seite von einer Gruppe von »Engeln« empfangen worden. (...)

An diesem Ort sei alles voller Licht gewesen. (...) Dann habe ihm ein Lichtwesen ... gesagt, er müsse zurückgehen und wieder in seinen Körper zurückkehren. »Ich wollte nicht zurückkommen, aber er befahl es mir«, sagte Sam. Sam meinte, dieses Licht sei Gott gewesen.

(...) Ein anderes Kind, Jason, verfolgte von oben, wie man sich um seinen Körper bemühte, dann befand er sich auf einmal »in einem Tunnel mit einem hellen Licht am Ende. Der Tunnel führte ... immer weiter aufwärts.« Während Jason hinaufstieg, merkte er, daß »zwei Leute« ihn begleiteten. »Die beiden sagten mir, alles werde gutgehen«, erzählte Jason später, »und sie würden mich in das Licht führen. Ich spürte Liebe von ihnen ausstrahlen ... Es sah so aus, als ob sie lange, strahlend weiße Kleider anhätten.«

Diese zwei Lichtwesen waren es dann auch, die Jason aufforderten, auf die Erde, zu seinen Eltern und seiner Schwester, zurückzukehren, da seine Zeit noch nicht gekommen sei.

Sie begleiteten den Jungen wieder durch den Tunnel, und dann war er plötzlich wieder in seinem Körper. Er wußte jetzt, daß er wieder gesund werden würde, und verlor später jede Angst vor dem Tod. Jason sagte, er habe gelernt, »daß es das wichtigste ist, zu lieben, solange man lebt.«

Wie Hildegard von Bingen zweimal den Tod erwartete

Hildegard von Bingen, eine der bedeutendsten Frauengestalten Deutschlands und Europas, starb, hochbetagt, am 17. September 1179. Auf dem Dissibodenberg am Rhein hatte sie als Äbtissin, Klostergründerin, Heilkundige und Komponistin gewirkt. Sie war eine wichtige Beraterin der Mächtigen ihrer Zeit. Von Kindheit an wurden ihr Gesichte zuteil: »Als Gott mir im Schoße meiner

Mutter das Leben einhauchte, gab er meiner Seele dieses Schauen.«

Im Laufe ihres Lebens hatte Hildegard zwei Nahtod-Erlebnisse, jeweils verbunden mit einer Vision. Darin wurde sie aufgefordert, ihr mystisches Seelenleben nicht länger zu verheimlichen.

Daraufhin offenbarte sie sich ihrem Beichtvater und verfaßte das Visionsbuch »Wisse die Wege«, das uns noch heute fasziniert.

»Einst warf mich Gott aufs Krankenlager und belastete meinen Körper mit Atemnot, so daß die Adern mit dem Blut, das Fleisch mit dem Saft und das Mark mit den Knochen vertrockneten, als müßte meine Seele aus dem Leibe scheiden. In diesem Aufruhr befand ich mich dreißig Tage. Mein Leib brannte durch die Hitze der glühenden Luft. Daher hielten einige diese Krankheit für eine Strafe. Auch die Kraft meines an den Körper gebundenen Geistes schwand dahin. Noch war ich nicht aus diesem Leben geschieden, aber ich war auch nicht mehr völlig darin. Mein Körper lag unbeweglich auf einer Decke am Boden. Doch sah ich mein Ende noch nicht, obwohl meine geistlichen Oberen, meine Töchter (die Nonnen des Klosters) und meine Verwandten unter großen Klagen kamen, um meinem Tod beizustehen.

Ich aber sah während dieser Tage in einer wahrhaften Schau eine große, nach menschlichem Ermessen unzählbare Schar von Engeln aus der Heerschar des heiligen Michael, die mit dem alten Drachen gekämpft hatten. Sie harrten dessen, was Gott an mir geschehen lassen wollte. Einer von ihnen, ein starker, rief mir zu und sagte: ›Ei, ei, Adler, warum schläfst du in deinem Wissen? Erhebe dich aus deiner Unschlüssigkeit! Du wirst erkannt werden, strahlende Gemme, alle Adler werden dich sehen, die Welt wird trauern, das ewige Leben aber sich freuen. Drum, o Morgenröte, erhebe dich zur Sonne! Auf, auf, erhebe dich und trinke!‹ Sogleich rief die ganze Schar mit gewaltiger Stimme: ›Freudenruf! Die Boten haben geschwiegen. Die Zeit des Hinübergehens ist noch nicht gekommen. Also, Jungfrau, steh auf!‹

Sogleich kehrten Körper und Sinne zum gegenwärtigen Leben zurück.«

Als Hildegard drei Jahre später wieder auf Leben und Tod erkrankte, hatte sie ein weiteres mystisches Erlebnis:

»Da sah ich, wie ein Kerub in loderndem Feuer, in welchem sich der Spiegel der Geheimnisse Gottes befindet, mit einem feurigen Schwert die mich quälenden Geister der Luft vertrieb, so daß sie die Flucht vor mir ergriffen und schrien: ›Ach, ach, wehe, wehe! Nun wird uns diese hier entschwinden, und wir sollen sie nicht ergreifen?!‹

Daraufhin lebte mein Geist wiederum gänzlich auf, mein Leib wurde in Adern und Mark wie neu gekräftigt, und so gelangte ich zur vollkommenen Genesung.«

Heiliger Michael als Seelenwäger (15. Jh.)

Wie sich Hildegard den Abschied der Seele vorstellt

»Während die Seele sich (vom Leibe) löst, kommen lichte und finstere Geister herbei, die Genossen ihres (Lebens-) Wandels je nach den Bewegungen, die sie in ihrem Wohnsitz (zeitlebens) gemacht hat.

Denn wenn bei der Auflösung des Menschen die Seele ihre Wohnstätte verläßt, sind nach der gerechten und wahrhaftigen Anordnung Gottes gute und böse Engel zugegen, die Zeugen all der Werke, die sie in und mit dem Leib vollbracht hat.

Sie erwarten das Ende, um sie nach der Auflösung mit sich zu führen, das heißt, sie harren auf das Urteil des gerechten Richters, das Er über diese Seele bei ihrer Trennung vom Leibe fällen wird, und führen sie, sobald sie vom Leibe befreit ist, an den Ort, dem sie nach ihren Verdiensten vom himmlischen Richter zugewiesen wird.«

Dem Todesengel wird das Schwert entrissen

Gerechte gibt es wenig. Aber nur die Seele das Gerechten kann einen Platz im Paradies erwarten. Und Rabbi Josua, der Sohn Levis, war ein gerechter Mann. Er hatte nie gesündigt, weder gegen Gott noch gegen die Menschen. Die Seele des Josua war so rein wie an dem Tage, als er sie von seinem Schöpfer erhielt.

Aber jeder Mensch muß einmal sterben, und wäre er noch so fromm und gerecht. Auch Josua ben Levis Tage waren gezählt. Da sprach Gott zum Todesengel: »Geh hin und führe die Seele des Josua ins Paradies. Aber weil er ein Gerechter ist, sollst du ihm einen letzten Wunsch erfüllen.«

Der Todesengel schwebte hinab zur Erde. In der Rechten hält er sein Schwert, an dessen Spitze ein Tropfen Galle hängt. Jeder Mensch, der ihn erblickt, öffnet vor Entsetzen den Mund, und der Todesengel tropft die Galle hinein. Da stirbt der Mensch, und der Todesengel eilt weiter, um seine Mission auf Erden zu erfüllen. So also erschien er auch vor Rabbi Josua, der erschüttert sein Antlitz abwandte. »Ist es Gottes Wille, daß ich sterben soll?« flüsterte er. »Es ist sein Wille«, entgegnete der Todesengel. »Aber ich habe den Auftrag bekommen, dir noch einen Wunsch zu erfüllen.«

»Wenn dem so ist, so zeige mir meinen Platz im Paradies«, sagte Josua. Da trat der Todesengel näher, um dem Rabbi seinen Platz im Paradies zu zeigen. Dieser aber sprang entsetzt zur Seite. »Wie kann ich mich dir anvertrauen, wenn ich mich vor deinem Schwert ängstige!« stieß er hervor. »Gib es mir, ich will es halten!« Da reichte der Todesengel dem Rabbi sein Schwert und nahm ihn in seine starken Arme. Und ehe Josua sich versah, waren sie schon vor den Mauern des Paradieses angelangt. Der Todesengel hob den Rabbi in die Höhe auf die Mauer des Paradieses, so daß dieser das ganze Paradies überblicken konnte.

Und Josua schaute und schaute! Zwei diamantene Tore führten hinein, und vor jedem Tore wachten siebzigtausend Dienstengel. Die Diamanten strahlten heller als die Sonne, und ihr Schein spiegelte sich in den vier Flüssen wider, die die neunzigtausend Bäume des Paradiesgartens bewässerten. Kein irdischer Duft konnte sich mit dem messen, den auch der kleinste Baum ausströmte. In den vier Ecken des Paradiesgartens sang ein Chor von je siebentausend Dienstengeln Lobeshymnen. Mitten im Garten aber standen zwei Bäume: der Baum der Erkenntnis des Guten und des Bösen und der Baum des Lebens, dessen Blätter das ganze Para-

Das Himmlische Jerusalem (Albrecht Dürer)

dies bedeckten. Der Baum des Lebens atmete verschiedene Düfte aus, so daß das ganze Paradies mit seinen sieben riesigen Häusern und Myriaden Gemächern von diesen unbeschreiblich lieblichen Düften gesättigt war.

Als nun Josua diese Herrlichkeit wahrnahm, wollte er nicht mehr zurück auf die Erde. Und so sprang er von der Mauer, ohne das Schwert des Todesengels loszulassen, ins Paradies. Dorthin aber durfte ihm der Todesengel nicht folgen. Der Todesengel bat und drohte, aber Josua ben Levi wanderte bezaubert durchs Paradies und dachte nicht daran, das Schwert zurückzugeben. Da mußte der Todesengel beschämt vor seinen Gott treten, damit er ihm zu seinem Schwert verhelfe. Gott aber liebte Josua, den Sohn Levis, weil er fromm und reinen Herzens war, und es dauerte volle sieben Jahre, bis er die Bitte des Todesengels erhörte. Erst nach sieben Jahren befahl er dem Rabbi, dem Todesengel das Schwert zurückzugeben. Und erst dann gab es wieder den Tod auf der Welt.

Der erste, der sterben sollte, war der Rabbi selbst. Aber er hatte dem Tod das Versprechen abgenommen, ihm weder sein schreckliches Antlitz noch sein Schwert zu zeigen. Und der Todesengel hielt sein Wort. Seither ist er unsichtbar, um die Sterbenden nicht zu erschrecken. Nur der Gottlose meint in der Angst seines Herzens den Todesengel zu sehen. Freilich zieht der Todesengel den Gottlosen die Seele heraus, wie Dornen aus der Wolle, aus dem Körper der Gerechten aber löst er sie sanft, wie man einen Faden aus der Milch zieht. Und so tat er es auch bei Josua ben Levi, dessen Seele geradewegs in ihr Gemach in eines der sieben Häuser des Paradieses schwebte.

Leo Pavlat

Der Todesengel als Pestjungfrau

»Es saß ein Russe unter einem Lärchenbaume. Die Sonnenhitze glich der Feuersglut. Er sieht von fern etwas nahen, er sieht nochmals hin – es ist die Pestjungfrau. Ganz in Leinen gehüllt, schreitet die hohe Gestalt einher. Vor Schrecken wollte er fliehen, die Schreckgestalt ergriff aber mit ihrer langen Hand den Geängstigten. ›Kennst du die Pest? Ich bin es! Nimm mich auf deine Schultern, und trage mich in ganz Rußland herum, doch übergehe ja nicht irgendein Dorf, irgendeine Stadt; denn alle muß ich besuchen. Du erzittre vor nichts; denn gesund wirst du bleiben unter den Sterbenden.‹

Mit ihren langen Händen klammerte sie sich an den Greis. Er schritt vorwärts, sah zwar die Gestalt über sich, fühlte jedoch ihre Bürde nicht. Zuerst trug er sie in die Städte. Fröhliche Tänze und Gesang fanden sich vor. Doch kaum kamen sie an den Platz, als die Gestalt ihre Leinen wehen ließ, worauf sogleich die Lust und Freude schwand. Wohin er blickt, sieht er Trauer – die Glocken ertönen – und der Totengräber findet nicht genug Raum für die Leichen. Sie liegen am Platz haufenweise, nackt, unbegraben.

Er schreitet weiter. Wo er einem Dorfe vorbeischreitet, werden die Häuser wüste, die Gesichter bleichen, und die Schreckenstöne der Sterbenden erschallen. Das Dörfchen, wo der Landmann selbst wohnte, stand hoch am Berge. Dort hatte er sein Weib, seine zarten Kinder und die alten Eltern. Das Herz blutet ihm, als sie sich dem Dörfchen nahen. Mit starker Hand erfaßt er die Jungfrau, daß sie mit ihm entfliehe, und springt mit ihr in die Fluten, um sie zu töten.

Er ertrank, die Jungfrau nicht, doch erschreckt von diesem Heldenmut, floh sie weit in die Wälder und Gebirge.«

nach Edward B. Tylor

Die sieben Boten des Todesengels

Ein Araber sah im Traum einen Mann mit gezücktem Schwert vor sich stehen. Er erschrak und fragte ihn: »Herr, wer bist du?« Und der Mann erwiderte: »Ich bin der Todesengel und bin gekommen, um dir deine Seele zu nehmen.« Da flehte ihn der Araber an: »Herr, verschone mich, denn ich bin ein armer Mann und habe kleine Kinder und besitze nichts, was ich ihnen vererben kann. Warte doch, bis ich mir etwas erspart habe, was ich meinen Kindern hinterlassen kann, und komme dann wieder.«

Da erbarmte sich der Todesengel des armen Mannes, er steckte sein Schwert in die Scheide und sagte: »Dieses eine Mal will ich deine Bitte erfüllen, doch wenn ich zurückkomme, wird dir dein Leben nichts nützen, und es wird für dich keine Rettung geben.«

Der Araber dankte ihm für seine Güte und bat ihn, ihm einen Boten zu schicken, bevor er das nächste Mal komme, damit er sich vorbereiten könne und nicht plötzlich von Todesangst ergriffen würde. Und der Engel versprach es ihm. Der Araber erwachte und sah, daß es nur ein Traum gewesen war. Er verließ das Haus und ging seiner Arbeit nach, und das tat er jeden Tag und vergaß seinen Traum und den Tod. Die Zeit verging, und er wurde reich und verheiratete seine Söhne und Töchter, bis er schließlich unheilbar erkrankte. Da erschien ihm wieder der Todesengel und stand mit gezücktem Schwert vor ihm. Und der Araber sagte zu ihm: »Warum bist du so plötzlich gekommen, da du mir versprochen hattest, dich durch einen Boten ankündigen zu lassen?« Und der Todesengel erwiderte: »Ich habe dir nicht nur einen Boten geschickt, sondern sieben.« Da sagte der Araber: »Wo sind sie denn? Ich habe keine gesehen.«

Und der Todesengel lachte und erwiderte: »Hier sind sie doch – alle sieben. Der erste ist deine Sehkraft, die früher so scharf war, und heute so schwach ist, daß du nichts mehr siehst. Der zweite deine Ohren, die nicht einmal den Ton einer Trompete mehr vernehmen können. Der dritte deine Zähne, mit denen du früher Steine zermalmen konntest und die dir ausgefallen sind. Der vierte ist dein Haar, das einst rabenschwarz war und heute weiß wie Kalk ist. Der fünfte ist deine Gestalt, die einst hoch und aufrecht war wie eine Palme und die heute gebeugt ist wie ein Bogen. Der sechste Bote: deine Beine, die dich einst sicher trugen, während du heute nur noch am Stock gehen kannst. Und der siebte ist dein Appetit. Einst haben dir alle Speisen geschmeckt, und heute mundet dir nichts mehr. Diese sind die sieben Boten, die ich dir geschickt habe.« Darauf fand der Araber keine Antwort und gab seine Seele dem Todesengel hin.

»Der Engel ist Geist, nur Geist. Nicht dem Leibe feindlich, aber unleiblich. Alle Höhe und Tiefe, Weite des Sinnes und der Wesenheit ist sein Bereich. Er steigt auf, dringt ein, durchmißt. Das drückt sich in den Flügeln aus: Der Engel ist der Fliegende.«

Romano Guardini,
katholischer Geistlicher und Engelforscher

Der allerletzte Augenblick

Im Krankenzimmer, wenn's zu Ende geht,
Links in der Eck ein schmaler Engel steht.
Er ist gesandt, will Angst die Seele quälen,
Zu helfen ihr, sich leichter loszuschälen.

Sein Auge strahlt und seine Stimme weht
Ins Ohr des Sterbenden, der sie versteht.
›Von allen Wesen‹, spricht er, ›die wir zählen,
Starb keins, das nicht gewollt. Auch du darfst wählen.‹

Der Kranke langsam seine Lippen schleckt,
Zu prüfen, wie das Leben wirklich schmeckt.
Es schmeckt so angebrannt, so pickig-schal.

Unmöglich, es zu schlucken noch einmal.
Ja oder Nein? Der Engel fragend blickt.
Dann lächelt er. Der Kranke hat genickt.

Franz Werfel

Das Kind im Grabe

Nichts ist schwerer für Eltern, als den Tod eines Kindes zu verkraften. Viele verzweifeln daran.

Der Volksglaube hat schon immer versucht, sie zu trösten und zu disziplinieren. Die Lebenden sollten nicht vor lauter Trauer aus dem Blick geraten. »Stirbt ein Kind, so solle mehr Freude als Jammer im Trauerhause herrschen, denn der Engel ist direkt in den Himmel gegangen«, hieß es. In Böhmen galt es deshalb sogar als Sünde, ein früh verstorbenes Kind zu beweinen.

Hans Christian Andersen hat darüber ein bewegendes Märchen geschrieben.

Es war Trauer im Haus, es war Trauer in den Herzen, das jüngste Kind, ein vierjähriger Knabe, der einzige Sohn, die Freude der Eltern und die Hoffnung der Zukunft, war tot; zwei ältere Töchter hatten sie wohl, die älteste sollte gerade in diesem Jahr eingesegnet werden, liebe, gute Mädchen alle beide, aber das verlorene Kind ist immer das liebste, und dieses war das jüngste und ein Sohn. Es war eine schwere Prüfung. Die Schwestern trauerten, wie junge Herzen trauern, besonders vom Schmerz der Eltern ergriffen, der Vater war gebeugt, die Mutter aber von dem großen Kummer überwältigt. Tag und Nacht war sie um das kranke Kind gewesen, hatte es gepflegt, es aufgenommen und getragen; es war ein Teil von ihr selbst, das hatte sie gefühlt und empfunden, sie konnte nicht glauben, daß es tot sei, daß es in den Sarg gelegt werden und im Grabe ruhen sollte; Gott könne dieses Kind nicht von ihr nehmen, meinte sie, und als es doch geschehen und zur Gewißheit geworden war, sagte sie, vor Schmerzen krank: »Gott hat es nicht gewußt! Er hat herzlose Diener hier auf Erden, die handeln, wie sie wollen, die die Gebete einer Mutter nicht hören.«

Sie ließ in ihrem Schmerz ab von Gott, und da kamen finstere Gedanken, Gedanken des Todes, des ewigen Todes, daß der Mensch Erde in der Erde wird und daß damit alles vorbei sei. Bei solchen Gedanken hatte sie nichts, an das sie sich klammern konnte, und sie sank in das bodenlose Nichts der Verzweiflung. In den schwersten Stunden konnte sie nicht mehr weinen; sie dachte nicht an die jungen Töchter, die sie hatte; die Tränen des Mannes fielen auf ihre Stirn, sie blickte nicht zu ihm auf; ihre Gedanken waren bei dem toten Kind, ihr ganzes Sinnen und Sein war davon erfüllt, jede Erinnerung an das Kind, jedes seiner unschuldigen Kinderworte zurückzurufen.

Der Begräbnistag kam heran, Nächte vorher hatte sie nicht geschlafen, in der Morgenstunde wurde sie von Müdigkeit überwältigt und fand ein wenig Ruhe, während man den Sarg in ein abgelegenes Zimmer trug und dort den Deckel schloß, damit sie die Hammerschläge nicht höre.

Als sie erwachte, aufstand und nach ihrem Kind sehen wollte, sagte der Mann unter Tränen: »Wir haben den Sarg geschlossen; es mußte geschehen.«

»Wenn Gott hart gegen mich ist«, rief sie aus, »warum sollten dann die Menschen besser sein!« Und sie schluchzte laut auf.

Der Sarg wurde zu Grabe getragen, die untröstliche Mutter saß bei ihren Töchtern; sie sah sie an, ohne sie zu sehen, ihre Gedanken hatten nichts mehr mit ihrem Heim zu schaffen, sie überließ sich ihrer Trauer und wurde von ihr geschüttelt wie ein Schiff auf See, das Ruder und Steuermann verloren hat. So verging der Begräbnistag, und mehrere Tage folgten mit dem gleichen einförmigen, schweren Schmerz. Mit nassen Augen und betrübten Blicken sahen die Trauernden daheim sie an, sie hörte nicht auf ihren Trost, was hätten sie ihr auch sagen können, sie waren selbst zu betrübt dazu.

Es war, als kenne sie den Schlaf nicht mehr, und der allein wäre doch ihr bester Freund gewesen, hätte den Körper gestärkt, Ruhe in die Seele gerufen; sie brachten sie dazu, sich ins Bett zu legen, sie lag auch still wie eine Schlafende. Eines Nachts lauschte der Mann ihren Atemzügen und glaubte fest, daß sie Ruhe und Erleichterung gefunden hätte, er faltete darum die Hände, betete und schlief bald gesund und fest, so daß er nicht merkte, wie sie sich erhob, ihre Kleider überwarf und dann still aus dem Hause ging, um dorthin zu gelangen, wo ihre Gedanken bei Tag und Nacht weilten, zum Grabe, das ihr Kind barg.

Sie ging durch den Garten des Hauses, über die Felder, wo ein Pfad außen um die Stadt zum Kirchhof führte; niemand sah sie, und auch sie sah niemanden. Es war eine herrliche, sternenklare Nacht, die Luft noch so mild, es war erst September. Sie kam auf den Kirchhof und zu dem kleinen Grab, das wie ein einziger großer Strauß von duftenden

Blumen war; sie setzte sich nieder und beugte ihr Haupt tief darüber, als hätte sie durch die Erdschichten hindurch ihren kleinen Knaben sehen können, an dessen Lächeln sie sich so lebhaft erinnerte; der zärtliche Ausdruck seiner Augen, selbst auf dem Krankenlager, war ja niemals zu vergessen, wie sprechend sein Blick gewesen, wenn sie sich über ihn beugte und seine zarte Hand ergriff, die er selbst nicht mehr zu erheben vermochte. Wie sie an seinem Bett gesessen hatte, so saß sie jetzt an seinem Grab, aber hier hatten die Tränen freien Lauf, sie fielen auf das Grab.

»Du willst zu deinem Kind hinab«, sagte eine Stimme neben ihr, sie tönte so klar, so tief, sie klang bis in ihr Herz hinein, sie schaute auf, und bei ihr stand ein Mann, in einen großen Trauermantel gehüllt, die Kapuze tief ins Gesicht gezogen; aber sie sah darunter sein Gesicht, es war streng, aber doch so vertrauenerweckend; seine Augen strahlten, als sei er noch in seinen Jugendjahren.

»Hinab zu meinem Kind!« wiederholte sie, und es lag eine Bitte der Verzweiflung darin.

»Wagst du es, mir zu folgen?« fragte die Gestalt. »Ich bin der Tod.«

Sie nickte bejahend. Da war es auf einmal, als leuchteten über ihr alle Sterne mit dem Glanz des Vollmondes, sie sah die bunte Farbenpracht der Blumen auf dem Grabe, die Erddecke gab sanft und leise nach wie ein schwebenes Tuch, sie sank, und die Gestalt breitete ihren Mantel um sie, es wurde Nacht, die Nacht des Todes, sie sank tiefer, als je die Grabschaufel dringt, der Kirchhof lag wie ein Dach über ihrem Kopf.

Der Zipfel des Mantels glitt zur Seite, sie stand in einer mächtigen Halle, die sich groß und freundlich ausdehnte. Dämmerung herrschte ringsum, aber bei sich, dicht an ihr Herz gedrückt, hielt sie im selben Augenblick ihr Kind, das ihr in einer Schönheit zulächelte wie nie zuvor. Sie stieß einen Schrei aus, doch er war nicht zu hören, denn ganz nahe und dann wieder weit fort und wieder nahe erklang eine schwellende Musik; niemals zuvor hatten so beseligende Töne ihr Ohr erreicht, sie erklangen jenseits des nachtschwarzen dichten Vorhanges, der die Halle von dem großen Ewigkeitsland trennte.

»Meine süße Mutter, meine einzige Mutter!« hörte sie ihr Kind sagen; es war die bekannte, geliebte Stimme; und Kuß auf Kuß folgte in unendlicher Glückseligkeit, und das Kind zeigte auf den dunklen Vorhang.

»So herrlich ist es oben auf Erden nicht! Siehst du, Mutter, siehst du sie alle? Das ist doch Glückseligkeit!«

Aber die Mutter sah dort nichts, wohin das Kind zeigte, nichts als die schwarze Nacht; sie sah sie mit irdischen Augen, sah nicht so wie das Kind, das Gott zu sich gerufen hatte, sie hörte den Klang, die Töne, aber sie vernahm nicht das Wort, das sie zu glauben hatte.

»Nun kann ich fliegen, Mutter, fliegen mit all den anderen fröhlichen Kindern gerade zu Gott. Ich möchte es so gern, wenn du aber weinst, wie du nun weinst, kann ich nicht von dir gehen, und ich möchte es doch so gern! Darf ich es denn nicht? Du wirst ja doch recht bald zu mir dorthin kommen, liebe Mutter!«

»O bleibe, o bleibe!« sagte sie, »nur noch einen Augenblick, nur noch ein einziges Mal muß ich dich ansehen, dich küssen, dich fest in meinen Armen halten.«

Sie küßte und hielt es fest. Da erklang ihr Name von oben her; so klagend waren diese Töne – was war das nur?

»Hörst du«, sagte das Kind, »der Vater ruft dich!« Und wieder, nach wenigen Sekunden ertönten tiefe Seufzer wie von weinenden Kindern. »Es sind meine Schwestern«, sagte das Kind, »Mutter, du hast sie doch nicht vergessen?«

Sie dachte an die Zurückgebliebenen, und Angst ergriff sie; sie sah vor sich hin, und immer schwebten Gestalten vorüber, sie glaubte einige zu erkennen, sie schwebten durch die Halle des Todes auf den dunklen Vorhang zu, und dort verschwanden sie. Ob wohl ihr Mann und ihre Töchter erscheinen würden? Nein! Ihr Rufen, ihre Seufzer tönten noch von oben her; fast hätte sie sie über dem Toten ganz vergessen.

»Mutter, nun läuten die Glocken des Himmelreichs!« sagte das Kind, »Mutter, nun geht die Sonne auf!«

Und ein überwältigendes Licht strömte ihr entgegen – das Kind war fort, und sie wurde emporgetragen; es wurde kalt rings um sie her, sie hob den Kopf und sah, daß sie auf dem Kirchhof lag, auf dem Grabe ihres Kindes; aber Gott war im Traum eine Stütze für ihren Fuß, ein Licht für ihren Verstand geworden, sie beugte ihr Knie und betete:

»Vergib mir, Herr, mein Gott, daß ich eine ewige Seele von ihrem Flug zurückhalten wollte, daß ich meine Pflichten gegen die Lebenden vergessen konnte, die du mir gabst.« Und bei diesen Worten war es, als fände ihr Herz Erleichterung. Da brach die Sonne hervor, ein kleiner Vogel sang über ihrem Kopf, und die Kirchenglocken läuteten zum Morgengebet. Es wurde so heilig rings um sie her, heilig wie in ihrem Herzen. Sie erkannte ihren Gott, sie erkannte ihre Pflichten, und voll Sehnsucht eilte sie heim. Sie beugte sich über ihren Mann, ihr warmer, inniger Kuß weckte ihn, und sie sprachen herzliche, liebevolle Worte, und sie war stark und sanft, wie es die Gattin sein kann, von ihr kam der Quell des Trostes: »Das Beste stets ist Gottes Wille.«

Und der Mann fragte sie: »Woher hast du auf einmal diese Kraft, diesen trostreichen Sinn bekommen?« Und sie küßte ihn und küßte ihre Kinder. »Ich bekam sie von Gott, durch das Kind im Grabe!«

Hans Christian Andersen

Gebet

Ich suche allerlanden eine Stadt,
Die einen Engel vor der Pforte hat.
Ich trage seinen großen Flügel
Gebrochen schwer am Schulterblatt
Und in der Stirne seinen Stern als Siegel.

Und wandle immer in die Nacht ...
Ich habe Liebe in die Welt gebracht –
Daß blau zu blühen jedes Herz vermag,
Und hab ein Leben müde mich gewacht,
In Gott gehüllt den dunklen Atemschlag.

O Gott, schließ um mich deinen Mantel fest;
Ich weiß, ich bin im Kugelglas der Rest,
Und wenn der letzte Mensch die Welt vergießt,
du mich nicht wieder aus der Allmacht läßt
Und sich ein neuer Erdball um mich schließt.

Else Lasker-Schüler

(Meinem teuren Halbbruder, dem blauen Reiter)

KAPITEL V

VON DER HERRLICHKEIT DER ENGELWELT

Die geheimen Schriften der Essener

Von der Bruderschaft der Essener (4. Jh.v.Chr. – 68 n.Chr.) stammen die berühmten Qumran-Schriftrollen, die Mitte unseres Jahrhunderts am Toten Meer gefunden wurden und seither großes Aufsehen erregt haben.

Im Mittelpunkt des Essenerglaubens steht der Baum des Lebens mit seinen sieben Himmelsästen und sieben Erdwurzeln. Jeder Ast und jede Wurzel ist mit einem mächtigen Engel verbunden. Zweimal pro Tag, an jedem Tag der Woche, werden die Engel angerufen. Der meditierende Mensch sitzt in der Mitte des Lebensbaums. Sein Körper ist zur einen Hälfte in der Erde verwurzelt, seine obere Körperhälfte ragt heraus. Engel, Himmel und Erde umgeben ihn wie in einem magnetischen Feld.

Die Essener sahen sich in der Nachfolge des biblischen Moses, der etwa fünfzehnhundert Jahre früher gelebt haben muß und den Glauben an einen einzigen Gott pre-

digte. So wie Mose waren auch die Essener fest davon überzeugt, daß der Mensch in ständigem Kontakt mit allen Kräften des Lebens und mit dem sichtbaren und unsichtbaren Universum steht und diesen Kontakt pflegen sollte. Dabei halfen ihm die Engel, deren Aufgabe es ist, zwischen Himmel und Erde zu vermitteln.

»Der Himmlische Vater
gab seinen Engeln den Auftrag,
der dich betrifft:
Und in euren Händen
sollt ihr sie hochtragen,
selbst bis zum Lebensbaum,
der da steht inmitten
des Meeres der Ewigkeit...«

Über die Lebensweise der Bruderschaft der Essener gibt es Erstaunliches zu berichten. Mit ihren Gemeinschaften lebten sie abseits größerer Siedlungen, an Flüssen und Seen. Ihr Wissen über Obst-, Getreide- und Gemüseanbau war ihrer Zeit weit voraus, ihre Felder und Plantagen gediehen sogar in wüstenähnlichen Gegenden. Sie teilten ihre Habe und lehnten die damals übliche Sklaverei ab. Sie waren Vegetarier, tranken keine fermentierten Getränke (z. B. Tee), und viele ihrer Mitglieder sollen über 120 Jahre alt geworden sein. Durch spezielle Fastentechniken bereiteten sie sich auf mystische Erlebnisse vor. Sie waren Heilkundige und Astronomen.

Einigen Theorien zufolge soll auch Jesus ein Essener gewesen sein. Als Indiz gilt u.a. ein Text, der der biblischen Bergpredigt sehr ähnlich ist und dem »Geheimen Evangelium der Essener« entstammt.

Der Lebensbaum der Essener

Morgen- und Abendkommunionen

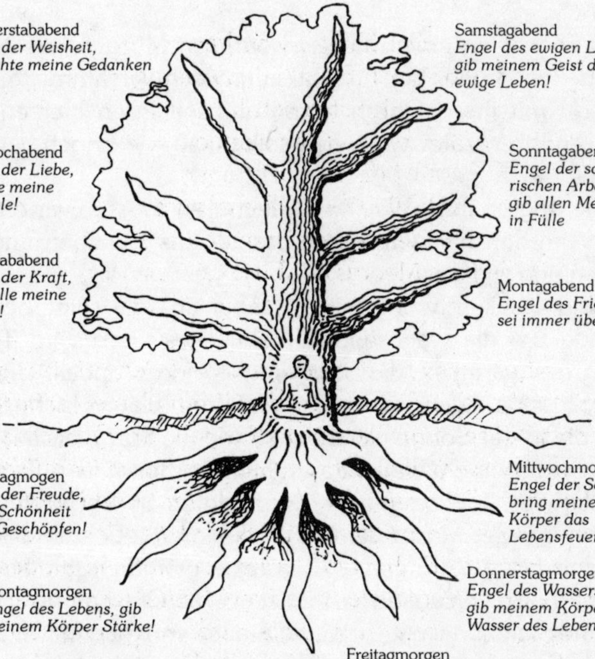

Diese lange verloren geglaubte Schrift war tatsächlich seit dem 5. Jahrhundert im Besitz des Vatikans und wurde vor der Öffentlichkeit verborgen – sie entsprach wohl in Teilen nicht der gängigen Lehrmeinung der Kirche. In dieser Schrift spricht Jesus an verschiedenen Stellen nachdrücklich von Engeln und ihrer Bedeutung für uns Menschen:

(...) Es war an einem hellen, sonnigen Morgen, als Jesus die neuen Brüder der Erwählten um sich versammelte, damit sie mit ihren Ohren hören und mit ihren Herzen die Lehren ihrer Väter verstehen sollten, so wie Enoch belehrt wurde...

Sie fragten ihn: »Welche Geheimnisse müssen wir erkennen, um den heiligen Strom des Lebens zu sehen und zu hören und zu fühlen?«

Und Jesus antwortete nicht. Aber er legte seine beiden Hände um die wachsenden Halme des Grases im Topf, sanft, als wären sie die Stirn eines kleinen Kindes. Und er schloß seine Augen, und um ihn herum waren Lichtstrahlen, die in der Sonne glänzten, so wie die Sommerhitze das Licht unter einem wolkenlosen Himmel flimmern läßt. Und die Brüder knieten nieder und neigten in Ehrfurcht das Haupt vor der Macht der Engel, die um die Gestalt des sitzenden Jesus waren, und still saß er in Frieden, seine Hände gefaltet, wie versunken im Gebet um die Grashalme.

Und niemand wußte, ob eine Stunde verstrichen war oder ein Jahr, denn die Zeit stand still, und es war, als hielte die gesamte Schöpfung den Atem an. Und Jesus öffnete seine Augen, und ein Blütenduft erfüllte die Luft, als Jesus sprach:

»Hier ist das Geheimnis, o Söhne des Lichts; hier in dem bescheidenen Gras. Hier ist der Treffpunkt der Erdenmutter und des Himmelsvaters; hier ist der Strom des Lebens, der die gesamte Schöpfung hervorbrachte; ich sage euch wahr-

Der Erzengel Luzifer vor dem Fall. William Blake (1757 – 1827)

oben: Die neun Chöre der Engel umkreisen das Göttliche Wesen. Nach der 6. Vision der Hildegard von Bingen (11. Jahrhundert)

links: Zwei Schutzengel bewachen Kinder. Englische Postkarte, viktorianisch

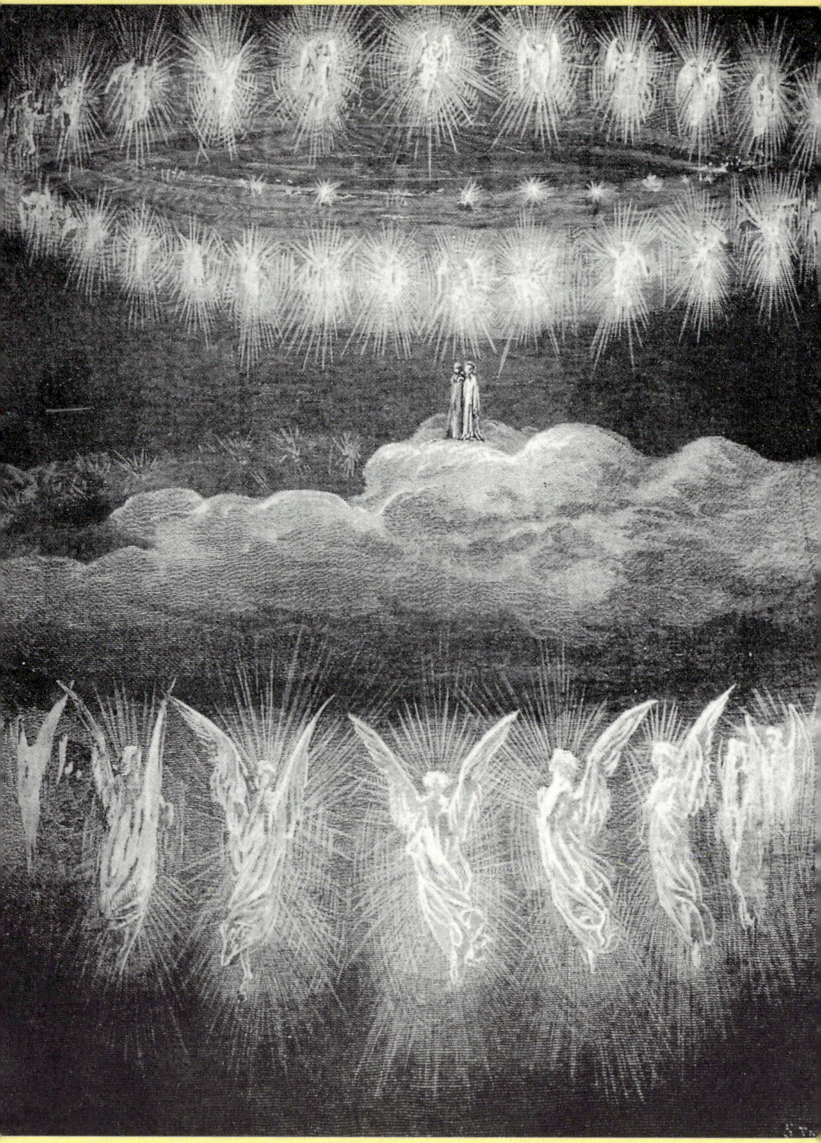

Dante und Beatrice im Kreise der Engel. Gustave Doré (1874)

Der Engelssturz, aus „Tres Riches Heures“ des Duc de Berry

Engel mit der Viola. Melozzo da Forlì (1438 – 1494)

Der Todestrank. Englische Illustration (19. Jahrhundert)

Der Engel verläßt das Haus des Tobias. Rembrandt (1637)

lich, nur dem Sohn des Menschen ist es gegeben, den Strom des Lebens, der zwischen dem irdischen und dem himmlischen Reich fließt, zu sehen und zu hören und zu berühren. Legt eure Hände an das zarte Gras des Engels der Erde, und ihr werdet die Macht aller Engel sehen und hören und berühren... Denn in dem Gras sind alle Engel. Hier ist der Engel der Sonne, hier in dem Leuchten der grünen Farbe in den Halmen des Weizens. Denn niemand kann in die Sonne schauen, wenn sie hoch am Himmel steht, denn die Augen der Menschensöhne sind geblendet von ihrem strahlenden Licht. Und deswegen verwandelt der Engel der Sonne all sein Leben in grüne Farbe, auf daß der Menschensohn die vielen und verschiedenen Schattierungen des Grüns schaue und darin Kraft und Tröstung finde. Denn wahrlich, ich sage euch, alles, was grün und voller Leben ist, besitzt in sich die Kraft des Engels der Sonne, sogar diese zarten Halme des jungen Weizens...

Diese Engelsmeditation trägt den Titel »Vom Geschenk des Lebens in dem bescheidenen Gras«. Jesus führt sie fort, indem er sich nacheinander in verschiedene Engel vertieft, so in den Engel des Wassers, der Erde, des Lebens, der Freude, der Kraft, der Liebe, der Weisheit und der Arbeit. Er verweist auch auf die Macht der Erdenmutter und des Himmlischen Vaters.

Der Sprachforscher und Philologe Dr Edmond B. Szekely (gest. 1979) hat diese Texte in den dreißiger Jahren in den Geheimarchiven des Vatikans (im aramäischen Original) studieren dürfen. Er hat mehrere Bücher zum Evangelium der Essener verfaßt.

Moses sucht das Reich der Engel

Im Koran wimmelt es geradezu von himmlischen Heerscharen! Aus dem islamischen Kulturkreis stammt auch die folgende Geschichte, in der Moses das Reich der Engel suchte.

Als der Prophet dort anlangt, macht er zwei wichtige Erfahrungen: Man darf – erstens – einem Engel nicht in sein himmlisches Handwerk pfuschen, weil er – zweitens – sowieso alles besser weiß. Der Fisch, der in dieser Erzählung eine wichtige Rolle spielt, gilt im übrigen als Nahrung für die Weisen und symbolisiert Lebenskraft.

Moses und sein Diener wanderten tagelang und gelangten, ohne es zu merken, endlich an den magischen Ort. Der Diener wollte den Fisch, den sie am Vorabend gefangen hatten, für das Morgenmahl des Propheten zubereiten. Als er ihn aber im Wasser wusch, wurde der Fisch plötzlich lebendig und schwamm davon. Der Diener war sehr erschrocken, verheimlichte aber das Geschehene, und beide zogen weiter.

Schließlich knurrte der Magen des Moses so vernehmlich, daß er nach einem Mahl verlangte. Nun erzählte der Diener von seinem scheinbaren Mißgeschick.

»Aber dieser Ort ist es, den wir suchen!« rief Moses aufgeregt. Auf der Stelle kehrten sie um. Unterwegs begegnete ihnen ein Sklave. Moses hielt an und bat diesen namenlosen ›Diener des Herrn‹: »Dürfen wir dich auf deinem Wege begleiten?« Der Mann weigerte sich: »Siehe, du kannst mich nicht begleiten! Wie willst du ertragen, wovon du nichts verstehen kannst?«

Aber Moses beharrte auf seinem Wunsch, und so gab der fremde Mann schließlich nach – unter einer Bedingung: »Alles, was du sehen wirst, mußt du ohne Erklärung hinnehmen.«

Moses stimmte seiner Bedingung zu. Aber als sie das Meer erreichten, führte der geheimnisvolle Fremde sie zu einem Schiff, in das er ein Leck schlug. Moses erschrak und vergaß sein Versprechen; er wollte das Schiff retten.

Der Fremde wurde ungeduldig: »Habe ich dir nicht gesagt, du wirst nicht verstehen?«

Moses bat für diesmal um Nachsicht und bekam sie gewährt. So zogen sie gemeinsam weiter. Dann begegneten sie einem Jungen. Moses war entsetzt, als er Zeuge wurde, wie der Fremde diesen Knaben tötete, und vergaß daraufhin ein zweites Mal sein Versprechen. Empört schrie er: »Was, du hast eine unschuldige Seele getötet?«

Der Mann erinnerte den Propheten zornig an sein Versprechen, und dieser verstummte schamvoll. Schließlich gelangten sie in eine Stadt und baten dort vergeblich um Nahrung. Bei ihrem Gang durch die verwinkelten Straßen erblickte der Fremde auf einmal eine zusammengestürzte Mauer und baute sie ohne große Umschweife wieder auf. Auch diesmal konnte Moses nicht an sich halten. »Du hättest dir deine Arbeit lohnen lassen können«, warf er seinem Führer vor.

Nun sagte der Fremde: »Hier scheiden sich unsere Wege! Ich werde dir erklären, was du nicht geduldig hinnehmen konntest. Das Schiff«, so begann er, »gehörte armen Fischern, und ich habe es beschädigt, damit der König es nicht nimmt, der ihnen sonst jedes Schiff mit Gewalt raubt. Der Junge aber war böse und verrucht zu seinen Eltern, die Gläubige sind, und Gott wird ihnen ein besseres Kind senden. Die Mauer schließlich birgt einen Schatz, der zwei Waisenkindern gehört. Wäre sie nicht wieder aufgebaut worden, so hätten die gierigen Stadtbewohner das Erbe der Kinder entdeckt und geraubt.«

So offenbarte der Fremde Moses Geheimnisse, die selbst einem großen Propheten sonst verschlossen bleiben.

Peter Lamborn

Wie die Engel Gebete beantworten

Die Halbindianerin Betty Jean Eadie, Tochter einer Sioux-Indianerin und Mutter von acht Kindern, hatte mit 31 Jahren bei einer Operation ein Nahtod-Erlebnis, das ihr zeigte, wie die Engel uns Menschen beistehen.

Da taten sich die Himmel wieder auf, und ich sah, wie sich der Erdball im All bewegte. Von der Erde blitzten viele Lichter auf wie von Riesenscheinwerfern. Einige waren sehr deutlich zu sehen und erreichten den Himmel wie breite Laserstrahlen. Andere glichen dem Licht einer winzigen Taschenlampe, und wieder andere waren kaum mehr als ein Funke. Ich war überrascht, zu hören, daß diese Kraftstrahlen die Gebete waren, die die Menschen der Erde sprachen. Ich sah, wie die Engel die Gebete eilends beantworteten. Das Ganze war so angelegt, daß den Menschen so viel wie möglich geholfen werden konnte. Und während ihres »Einsatzes« flogen die Engel im wahrsten Sinne des Wortes von einem Menschen zum anderen, von Gebet zu Gebet, und ihre Arbeit erfüllte sie mit Liebe und Freude... Stets reagierten sie zuerst auf die helleren, größeren Gebete, und dann widmeten sie sich den anderen, immer der Reihe nach, bis alle beantwortet waren. Mir fiel jedoch auf, daß unaufrichtige, heruntergeleierte Gebete – wenn überhaupt – nur sehr wenig Licht haben, und da ihnen die Kraft fehlt, bleiben viele unerhört.

Papst Gregor und die Lichtsäule

Schon seine Bestimmung zum Papst, also zum obersten Hirten der römisch-katholischen Kirche, soll dem heiligen Gregor von einem Engel mitgeteilt worden sein.

Als er sich nach erfolgter Papstwahl verbergen wollte, um dem schweren Amt zu entfliehen, wurde man auf ihn aufmerksam, weil über seinem Versteck eine Lichtsäule aufleuchtete, in der Engel auf- und niederstiegen.

Die erste Tat Gregors des Großen in seinem neuen Amt war eine große Bittprozession durch die Straßen Roms. Die Menschen beteten darum, daß sie endlich von der Pest befreit würden, die im Jahre 590 noch immer unter ihnen wütete. Während der Prozession hatte der Papst eine Vision: Der Erzengel Michael stieg vom Himmel auf das Grabmal des Kaisers Hadrian herab und steckte ein blutiges Schwert in die Scheide. Von da an hörte die Pest auf.

Seither wird das Mausoleum des Kaisers Hadrian »Engelsburg« (»Castel Sant' Angelo«) genannt. Als Todestag des Papstes gilt der 12. März des Jahres 604.

nach Ferdinand Holböck

Saturus sieht das Paradies

In den vatikanischen Archiven in Rom lagern unzählige alte Texte, von denen der eine oder andere gelegentlich ans Licht kommt und veröffentlicht wird. Dazu zählen auch die »Märtyrerakten« aus der Zeit der ersten Christenverfolgungen.

Diesen Akten zufolge wurden im Jahre 202 n.Chr. in Karthago eine Gruppe von Christen hingerichtet. Zu ihnen gehörten neben der zweiundzwanzigjährigen Adligen Perpetua auch ihre Sklaven Felicitas und Saturus. Saturus, später heiliggesprochen, hatte kurz vor seinem Märtyrertod eine beeindruckende Vision vom Leben im Paradies:

Wir hatten ausgelitten und verließen den Leib. Da wurden wir von vier Engeln, deren Hände uns nicht berührten, gen Osten getragen. Wir machten den Weg aber nicht mit dem Rücken nach unten und den Blicken nach oben, sondern so, als ob wir einen sanftgeneigten Hügel hinaufgingen. Als wir nun aus der ersten Welt hinaus waren, sahen wir ein großes Licht, und Perpetua, die an meiner Seite war, sagte: »Das ist es, was der Herr uns versprochen hat, wir haben die Verheißung empfangen.« Während wir so von den vier Engeln getragen wurden, öffnete sich vor uns ein weiter Raum wie ein Lustgarten ... Dort waren vier andere Engel, herrlicher als die vorigen. Als diese uns sahen, erwiesen sie uns Ehre und sagten zu den anderen Engeln: »Da sind sie, da sind sie!« Mit Verwunderung und Staunen setzten uns nun die Engel, die uns getragen hatten, nieder, und wir durchschritten den Raum zu Fuß auf einem breiten Weg. Wir trafen dort den Jokundus, den Saturninus und den Artaxius, die in derselben Verfolgung lebendig verbrannt worden waren, und den Quintus, der als Märtyrer im Kerker gestorben

Himmelfahrt der Maria Magdalena (15. Jhdt.)

war. Wir fragten sie, wo die übrigen seien. Die Engel aber sprachen zu uns: »Kommt zuerst herein und grüßt den Herrn.«

Wir kamen nun zu einem Ort, dessen Wände aus Licht gebaut zu sein schienen. Als wir im Begriff waren, einzutreten, bekleideten uns vier Engel vor dem Eingang dieses Ortes mit weißen Gewändern. Dann traten wir ein und hörten die vereinten Stimmen derer, die sagten: »Heilig, heilig, heilig!« ohne Aufhören. Und wir sahen in der Mitte dieses Ortes jemand thronen wie einen Mann mit grauem Haar. Sein Haar glich dem Schnee, sein Antlitz aber war jugendlich. Seine Füße konnten wir nicht sehen ... Voller Bewunderung traten wir ein und standen vor dem Thron. Die vier Engel hoben uns hinauf, und wir küßten ihn, und er berührte mit seiner Hand unser Gesicht ... Da sagte ich zu Perpetua: »Jetzt hast du, was du wünschest.« Sie antwortete: »Gott sei Dank! Wenn ich im Fleische schon fröhlich war, so will ich es jetzt noch mehr sein« ... Wir erkannten dort viele Brüder und Märtyrer. Wir alle wurden mit einem unaussprechlichen Wohlgeruche genährt, der uns sättigte.

Bald darauf erlitten sie das Martyrium, und ihre Seelen wurden von Engeln zum Paradiese getragen.

Vom Engel Semjasa und den Menschentöchtern

Wir wollen nicht das dunkelste Kapitel des himmlischen Reiches übergehen, den Engelssturz. Hier ist die jüdische Variante von den abgefallenen Engeln. Neben aller Tragik verfügt sie über einen gewissen Charme, denn die Engel haben sich von den schönen Erdentöchtern verführen lassen.

Die Legende basiert auf dem Buch Henoch. Es zählt zu den Apokryphen, den verborgenen Schriften der Bibel, und bildet eine wahre Fundgrube für Angelologen (Engelforscher).

Als die Erde noch jung war und die ersten Menschen sie bevölkerten, waren die Mädchen so schön, daß die Engel ihre Augen nicht von ihnen lassen konnten... Die Himmelsbewohner erfaßte die Sehnsucht, sich den Töchtern der Menschen zu nähern. Und als ob sie diese Sehnsucht ahnten, blühten die Mädchen auf wie Knospen in der Frühlingssonne.

Eines Tages konnten die Engel Asahel und Semjasa ihre Sehnsucht nicht mehr bezwingen. »Wir wollen zur Erde hinabsteigen«, beschlossen sie, »und Menschentöchter heiraten. Aus der Verbindung ihrer Schönheit mit unserer himmlischen Macht sollen Kinder mit wunderbaren Eigenschaften hervorgehen.«

Asahel und Semjasa vertrauten sich den anderen Engeln an. (...) Etliche waren bereit, den Himmel zu verlassen...

Gott versuchte, ihnen ihr Vorhaben auszureden. Er warnte sie, daß eine Verbindung mit irdischen Geschöpfen nur Unglück über die Welt bringen würde. Aber ihre Sehnsucht hatte die Engel taub gemacht, und so schwebten sie hinab zum Berg Hermon, von dessen Gipfel man die ganze Welt überblicken kann.

Jeder Engel wählte sich das Mädchen aus, das ihm am besten gefiel, und die Töchter der Menschen, geschmeichelt vom Interesse der Himmlischen, willigten ein, sie zu heiraten.

Die Engel bauten ihren Frauen neue, feste Häuser, sie lehrten sie, den Boden zu bebauen und Bäume zu pflanzen, sie zeigten ihnen, wie man sich das Feuer zum Helfer macht, und sie lehrten die Menschen das Schreiben und das

Lesen. Bald wurde die Welt unter ihren geschickten Händen zu einem blühenden Garten.

Der Engel Semjasa hatte wohl die schönste Frau. Sie hieß Istar, und Semjasa liebte sie, wie nur ein Engel lieben kann. Istar aber wurde immer trauriger und verschlossener. Und je mehr der Engel versuchte, sie zu zerstreuen, um so betrübter wurde sie. Da fragte Semjasa: »Istar, sage mir doch, was dich bedrückt! Ich will dir jeden Wunsch erfüllen, der dich glücklich macht!«

»Jeden Wunsch«, flüsterte Istar, »wirklich?«

»Jeden!« rief Semjasa.

Da richtete Istar ihre dunklen Augen auf den himmlischen Gatten und sagte: »Ach, Semjasa, ich, ein Menschenkind, sehne mich so danach, in Gottes Nähe zu weilen ... und ihn mit seinem heiligen Namen anzusprechen. Also halte dein Versprechen und verrate mir seinen Namen.«

Da bereute Semjasa sein Versprechen und erklärte seiner Frau, daß es nur einigen Auserwählten erlaubt sei, Gottes Namen zu kennen und auszusprechen. Istar aber bestand auf ihrem Wunsch, und schließlich verriet Semjasa schweren Herzens, was bislang allen Sterblichen verborgen war.

Kaum hatte Istar das Wort erfahren, eilte sie auf das Dach ihres Hauses, streckte ihre Arme zum Himmel empor und wandte ihr Antlitz dem Himmel zu. Und ihre Lippen formten den Namen, mit dem nur die Himmlischen den Allmächtigen rufen. Da leuchtete Istars Körper auf wie reines Gold: Der Allmächtige hatte sie gehört, hob das Menschenkind zu sich hinauf in den Himmel und verwandelte es in einen strahlenden Stern.

Der Engel Semjasa aber mußte auf der Erde bleiben. Er war verzweifelt, und seine Tränen flossen Tag und Nacht. Seine schöne Frau aber konnte ihm niemand mehr zurückgeben. Bald nachdem Istar verschwunden war, gebaren die Frauen der anderen Engel ihre Kinder. Tagelang feierte man das Ereignis. Aber der Wein war noch nicht ausgetrunken, als der Jubel verstummte, um dem Entsetzen Platz zu machen. Anstatt der edlen Wesen, die aus der Verbindung der Engel mit den Menschen hervorgehen sollten, wuchsen die Neugeborenen vor den Augen der Menschen zu Riesen heran. Bald maßen sie dreitausend Ellen, und sie stürzten sich auf die Früchte der menschlichen Arbeit. Sie fraßen die Ernte von den Feldern und das Obst von den Bäumen. Und bald begannen die Menschen zu hungern. Dann verschlangen die Riesen auch die Tiere. Als keine Kamele, Pferde und Kühe mehr da waren, töteten sie die wilden Tiere in den Wäldern und die Vögel, die Schlangen und die Fische in den Flüssen und Meeren. Am Ende bedrohten sie auch die Menschen. In ihrer Angst flohen diese in die Berge und verbargen sich in Felshöhlen und Erdlöchern. Die Riesen aber begannen nun, sich untereinander zu bekriegen und gegenseitig aufzufressen, und ihre schrecklichen Kämpfe verwüsteten das Land.

Nicht einmal die Engel vermochten es, sich gegen sie zur Wehr zu setzen. Sie flohen vor ihren riesigen Söhnen, und manche Engel gesellten sich zu den Riesen und verbreiteten so das Böse in der Welt...

Die Völker begannen einander umzubringen, und ihre Leichen dienten den Riesen als Nahrung.

Viele der Engel bedauerten nun, Gottes Warnungen mißachtet zu haben. Auch Semjasa bereute, was er getan hatte. Ohne Istar war ihm das Leben auf der Erde zur Qual geworden ... Und als Semjasas Schmerz bis zum Himmel gestiegen war, erbarmte sich Gott und nahm ihn wieder in die himmlischen Gefilde auf. Von dort sah er die Strafe, die Gott über die Welt schickte: Die Sintflut kam, um das Böse zu ertränken.

Leo Pavlat

Bhagwan und der Sturz der Engel

Der Urglaube an eine erschaffene Geisterwelt und an eine Abspaltung des Bösen leuchtet im Schöpfungsmythos eines alten indischen Volkes auf, dem Volk der Bhil. Im Nordwesten Zentralindiens lebten die Bhil bis in die Mitte unseres Jahrhunderts noch völlig unberührt von der westlichen Kultur. Sie glauben an ein höchstes göttliches Wesen, das sie Bhagwan nennen. Das Wort bedeutet soviel wie der »Erhabene«, der »Herrliche«.

Bhagwan war zunächst für sich allein. Da beschloß er, seine Einsamkeit zu verlassen und Geister zu erschaffen, die ihm dienen sollten. Er führte seinen Vorsatz aus, erschuf dienende Geister und machte sie zu Lichtträgern. Es ging alles nach seinem Willen, bis sich der böse Geist unter die Lichtträger mischte und die dienstbaren Geister überredete, Bhagwan den ihnen aufgetragenen Dienst zu verweigern: »Wie Bhagwan ruht, sollt auch ihr ruhen und euch so ihm gleichstellen!« Die Geister ließen sich überreden und taten, wie ihnen der Böse geraten hatte, und versagten ihrem Schöpfer den schuldigen Gehorsam. Darüber wurde Bhagwan sehr zornig. Er jagte die aufrührerischen Geister aus dem Himmel und warf sie auf die Erde hinab. Bhagwan war nun wieder allein. Er ging mit sich selbst zu Rate und beschloß, den ersten Menschen zu bilden, dem er den Auftrag gab, ihm, Bhagwan, als dem höchsten Herrn die Treue zu wahren.

nach Hans Theodor Brik

Engelsgebet der Hildegard von Bingen (1098–1179)

»Fürsten der Ehre, lebendiges Licht, heilige Engel!
Tiefgeneigt vor der Gottheit, lodernd in Sehnsuchtsgluten,
weil nimmer ihr euch ersättigen könnt
der heiligen Flamme, schaut im Geheimnisdunkel
der Kreatur ihr die göttlichen Augen.
Welch lichte Wonnen durchjubeln eure Natur,
weil nicht sie berührte die Untat des Bösen,
die aufstand in eurem Genossen, dem gefallenen Engel,
als über die innen verborgenen Zinnen der Gottheit
den Flug er wagte – und stürzte qualvoll hinab
in den Abgrund. Doch seines Falles Werkzeug
bot er in flüsterndem Rat
dem Gebilde von Gottes Hand (dem Menschen).
Preis euch, heilige Engel, Hüter der Völker,
deren Gebilde in eurem Antlitz sich spiegelt, Erzengel,
euch, die ihr die Seelen der Heiligen traget empor,
euch, Kräfte und Mächte und Fürstentümer,
Herrschaften, Throne, die zum Geheimnis
der Fünfzahl ihr schließt den heiligen Ring,
und euch, die Siegel ihr seid der Geheimnisse Gottes,
leuchtende Kerubim, flammende Seraphim,
Lobpreis sei euch!

Ein Schelm gelangt in den Himmel

Der englische Maler und Dichter William Blake hat den Engeln immer ihre angebliche Humorlosigkeit vorgeworfen, und G.K. Chesterton, der Schöpfer des legendären Pater Brown, behauptete, Lachen könne zwar an die Pforte des Himmels führen – aber nicht durch sie hindurch. Offenbar ist keiner von beiden jemals Monkey begegnet.

Monkey ist der Held einer Geschichte des chinesischen Dichters Wu Ch'eng En (gest. 1580).

Ursprünglich ist Monkey ein Fels. Nach Millionen von Jahren öffnet sich der Stein und gibt ihn frei. Durch seine außerordentliche Klugheit wird Monkey bald König der Affen, und so lebt er etliche Jahrhunderte hindurch unbeschwert. Eines Tages jedoch erfährt er von den Unsterblichen, den Weisen, die das ewige Leben erlangt haben, und er beschließt, selber einer von ihnen zu werden. Nach weiten Reisen findet er schließlich einen ziemlich zweifelhaften taoistischen Einsiedler, dessen Schüler er wird. Nach kurzer Zeit schon ist er im Besitz übernatürlicher Kräfte. Auf der Suche nach Zauberwaffen steigt er in das Reich des schuppigen Drachenkönigs hinab. Von dort bringt er einen Knüppel mit, der ganz nach dem Wunsch seines Besitzers groß wie ein Baum oder klein wie eine Nadel werden kann.

Der Drache jedoch zieht vor die taoistischen Götter und legt Klage gegen Monkey ein. Die Götter kommen zu dem Schluß, man werde mit dem Gauner am besten fertig, wenn man ihm einen Platz im Paradies anbietet.

Monkey jauchzt: seine wahre Größe ist schließlich erkannt worden. Aber als er feststellt, daß ihm nur ein Platz als Stallbursche im heiligen Stall angeboten wird, erzürnt er und kehrt auf seinen Berg voller Blumen und Früchte und zu

seinen treuen Untertanen zurück. Angestachelt von zwei schmeichelnden Dämonen erklärt er sich dort selbst zum 'Großen Weisen, ebenbürtig dem Himmel'.

Am nächsten Morgen schickt der Jadeherrscher einen Gehilfen, der Monkey wegen Vernachlässigung seiner Aufgaben im heiligen Stall festsetzen soll. Monkey jedoch verprügelt den Boten kräftig und jagt ihn in den Himmel zurück. Der arme Kerl berichtet dort von dem neuen Titel, den der Stallbursche sich zugelegt hat. Höhere Geister werden gegen ihn ausgesandt, aber mit seinem Wunderknüppel besiegt er sie alle. Schließlich schlägt der Geist des Planeten Venus vor, man solle Monkey erneut in den Himmel einladen. »Man könnte ihn ja bei seinem Titel nennen ... Er hätte dann eben keine bestimmten Pflichten und auch keinen Lohn, und die Welt fände wieder zur Ruhe.«

Also erhält Monkey seinen Platz nahe dem Pfirsichgarten, zwei Fässer himmlischen Weins und zehn Reiser goldblättriger Blumen 'und ist gehalten, sich auf keine Weise aufzuregen oder Unruhe zu stiften'.

Da er nichts Besseres zu tun hat, streunt Monkey durch den Himmel und plaudert überall mit den Planeten, den Monden und den Geistern der Tage und Stunden. Der Herrscher fühlt sich gestört und beschließt, ihm die Verantwortung für den Pfirsichgarten zu übertragen, damit wieder Ruhe einkehrt. Monkey stürzt sich mit Eifer auf die neue Aufgabe, die Früchte des langen Lebens zu pflegen. Aber bald schon kann er der Versuchung nicht widerstehen und stopft sich mit himmlischen Pfirsichen voll.

Da will die Himmelskönigin ein Pfirsichfest feiern und gerät außer sich, als sie die schönsten Früchte schon verzehrt findet. Zur Strafe wird Monkey nicht zum Fest geladen. Er verkleidet sich als rotbeiniger Unsterblicher und dringt in den Palast ein. Da aber noch keiner der Gäste erschienen ist, beginnt er den Wein auszutrinken. Er schleicht sich wieder hinaus und torkelt betrunken davon, bis er sich schließlich im Palast von Lao-Tsu wiederfindet. Dort stiehlt er ein Zaubergericht, das er verschlingt wie einen Teller gebratene Bohnen. Endlich wird er wieder nüchtern, und als ihm klar wird, in welches Schlamassel er sich gebracht hat, schleicht er sich aus dem Himmel davon und kehrt auf seinen Berg zurück, um sich für den unausweichlichen Krieg zu rüsten.

Der Jadeherrscher ist außer sich vor Zorn, als Monkeys Missetaten entdeckt werden. »Schickt die himmlische Polizei aus, ihn zu finden!«

Eine riesige Armee von Geistern steigt aus dem Himmel nieder und belagert den Berg. Monkey jedoch fürchtet sich nicht:

Hast du heute den Wein, so betrinke dich heute;
scher dich nicht drum, was draußen geschieht.
Dichtung und Wein, und der Tag gehört dir;
große Taten wenden's, und schließlich kommt auch der Ruhm.

Der Krieg beginnt, und Monkey besiegt einen Himmelskämpfer nach dem anderen. Unterdessen ist der Bodhisattwa Kuan-Yin vom buddhistischen Himmel herabgestiegen, um am Pfirsichfest teilzunehmen, 'und wie erstaunt ist er, den Palast verlassen und in Unordnung zu finden. Die Sofas waren zerbrochen und zur Seite geräumt, und aufgeregt redend standen die Unsterblichen in Gruppen beisammen'.

»All die Jahre ist es eine solche Freude gewesen«, klagt der Jadeherrscher vor Kuan-Yin. »Und dieses Jahr hat dieser schreckliche Affe alles zerstört.«

Unten auf der Erde schlägt Monkey weiter einen Himmlischen nach dem anderen, bis schließlich Lao-Tsu selbst eingreift und Monkey in einer diamantenen Falle festsetzt. Man will ihn töten, aber er ist unverletzbar. »Kein Wunder«, bemerkt Lao-Tsu, »schließlich hat er die Früchte der Unsterblichkeit gegessen, den himmlischen Wein getrunken und das Lebenselixir gestohlen, fünf Schüsseln voll, roh und gekocht.«

Hilflos senden die taoistischen Götter zum buddhistischen Himmel um Rat. Buddha spricht zu den Boddhisattwas, die ihn umgeben: »Ihr bleibt hier ruhig in der Halle des Gesetzes, und daß ihr mir ja nicht die Yogahaltung lockert! Ich muß mich um diesen Unruhestifter kümmern gehen.«

Buddha lacht, als er von Monkeys angemaßtem Titel 'Ebenbürtiger des Himmels' hört, und Monkey erwidert: »Ein Sprichwort sagt: Dieses Jahr gehört dem Jadeherrscher, aber das nächste gehört mir. Sag ihm, er soll verschwinden und mir den Platz räumen.«

»Wir werden eine Wette abschließen«, sagt Buddha. »Wenn du wirklich so schlau bist, dann spring von meiner rechten Hand. Glückt es dir, so seien deine Wünsche erfüllt; glückt es dir aber nicht, so wirst du auf die Erde zurückkehren und für deine Taten Buße tun.«

»Dieser Buddha«, denkt Monkey bei sich, »ist ein Narr. Ich kann einhundertachttausend Meilen springen, und seine Hand kann nicht mehr als acht Zoll groß sein.«

Buddha streckt seine Hand aus, Monkey steckt seine Knüppel hinters Ohr und springt mit aller Kraft. Er gelangt zu fünf rosa Säulen, die in die Luft ragen. »Das ist das Ende der Welt«, sagt Monkey bei sich. »Hier werde ich für alle Fälle ein Zeichen hinterlassen.« Also schreibt er seinen Namen auf eine der Säulen und erleichtert sich am Fuß einer anderen. Mit einem Salto gelangt er zurück und verkündet seinen Erfolg.

»Du stinkender Affe«, sagt da der Buddha, »du bist die ganze Zeit auf meiner Hand gewesen.« Und er zeigt Monkey seine fünf Finger, von denen übler Geruch aufsteigt. Buddha ergreift ihn und sperrt ihn unter einen riesigen

Berg, und so nimmt Monkeys Himmelssturm ein unrühmliches Ende.

Aber das ist bei weitem nicht das Ende seiner Karriere. Nach Jahrhunderten erzwungener Reue wird der milde Weise Tipitaka ihn erretten. Er braucht einen starken Gefährten für seine Reise nach Indien, wo er nach buddhistischen Schriften suchen will. Immer noch wird Monkey seinen draufgängerischen Mut und seinen Sinn für Humor besitzen, aber diesmal wird er seine Fähigkeiten in den Dienst wirklicher Weisheit stellen. Nach vielen Abenteuern und Kämpfen gegen böse Geister wird er seinen verdienten Lohn erhalten. Er wird 'Der siegreiche Buddha' genannt werden.

Unzweifelhaft geht es im Reich der Engel ernst zu, aber für einen Monkey muß immer noch Platz sein, und selbst im Himmel muß man lachen dürfen.

nach Peter Lamborn Wilson

Die Goldfäden der heiligen Franziska

Viele Legenden ranken sich um Heilige und deren Erlebnisse mit Engeln. Dies gilt insbesondere für die heilige Franziska. Sie ist die Schutzpatronin der Italiener. Die Heilige (gest. 1440) soll im Laufe ihres Lebens drei Schutzengel zugewiesen bekommen haben. Eines Nachts brachte ihr einer dieser Engel den toten Sohn...

(...) In einer Nacht lag die heilige Franziska auf den Knien und betete. Schon färbte sich der Saum des Firmaments im matten Schimmer des anbrechenden Tages, und noch hatte die Heilige ihre Andacht nicht vollendet. Siehe, da steht

plötzlich ihr teuerster Evangelista vor ihr. Er ist umflossen vom Glanz himmlischer Schönheit und übergießt das kleine Oratorium mit hellstem Licht. Das überraschte Mutterauge kann sich nicht satt sehen an dem Kind, das nun seit etwa zwei Jahren dem Chor der seligen Geister angehört. Aber wie wächst ihr Erstaunen, da sie neben ihm noch ein anderes Kind von derselben Gestalt und Größe, aber noch wunderbarerer Schönheit erblickt!

Eine ganze Stunde unterhielt sich Evangelista mit seiner Mutter und sagte ihr unter anderem:

»Du wünschest, geliebte Mutter, zu wissen, wo ich mich befinde. So sei dir denn kund, daß ich im zweiten Chor der ersten Hierarchie unter den Erzengeln weile, ein Genosse dieses Jünglings hier, der noch weit schöner ist als ich, weil er in demselben Chor um eine Stufe höher steht. Siehe, diesen Erzengel schickt dir Gott, damit er dich auf deiner Erdenpilgerschaft begleite und stets an deiner Seite sei. Bei Tag und bei Nacht wirst du dich seines Anblicks erfreuen. Nun aber habe ich dir noch zu sagen, daß ich gekommen bin, um Agnes in das Paradies abzuholen (sie starb nach wenigen Tagen). Möge diese Nachricht dich trösten.« Evangelista verschwand, der Erzengel blieb zurück.

...Im Jahre 1436 starb Franziskas Gemahl Lorenzo. Jetzt war sie vollständig frei und bat um Aufnahme in das von ihr gegründete Kloster Tor de'Specchi. Bald nachher wurde sie zur Oberin gewählt, und bei dieser Gelegenheit erhielt sie von Gott einen dritten Schutzengel. Es war ein Engel aus dem Chor der Mächte, der auch den bösen Geistern gegenüber viel größere Gewalt hatte als der Erzengel. Sein Lichtglanz war so groß, daß Franziska ihn nicht scharf ansehen konnte.

Die göttlichen Geheimnisse erkannte sie in diesem Engel noch viel deutlicher als in dem früheren. Wenn die Heilige das Offizium der allerseligsten Jungfrau betete, sah sie stets eine schimmernde Lichtsäule von seinem Haupt gen Himmel steigen, zum Zeichen, daß der Engel ihr Gebet vor den Thron des göttlichen Bräutigams trage. Überdies hielt er drei goldene Zweige in der Linken, die den fruchtbeladenen Zweigen der Dattelpalme ähnlich sahen. Mit der Rechten spann er aus denselben unermüdlich Goldfäden, schlang sie sich um den Hals und wickelte sie in Knäuel zusammen, deren er sich später zur Verfertigung eines geheimnisvollen Gewebes bediente.

Am Feste Maria Himmelfahrt 1439 aber trat hierin eine Änderung ein. Der Engel ließ von seiner bisherigen Arbeit ab, indem er ihr sagte: »Jetzt beginne ich ein Gewebe aus hundert Fäden zu machen, nachher mache ich ein solches aus sechzig und dann noch ein drittes aus dreißig ...«

Wie immer nun diese Arbeit des Engels zu erklären sein mag, soviel erkannte Franziska daraus, daß mit der Vollendung derselben auch ihre irdische Pilgerschaft abgeschlossen sein würde... Mit größerer Geschäftigkeit als je sah sie den Engel an seinem Gewebe arbeiten; das goldene Schiffchen flog mit außerordentlicher Geschwindigkeit durch die goldenen Fäden seiner wunderlieblichen Arbeit. Das dritte Gewebe nahte seinem Ende, während das Antlitz des Engels sich mehr und mehr in Freude und Heiterkeit verklärte. Franziska starb am 9. März 1440.

nach Christian Pesch

Sieh, wie die Himmelsflur
Ist eingelegt mit Scheiben lichten Goldes!
Auch nicht der kleinste Kreis, den du da siehst,
Der nicht im Schwunge wie ein Engel singt,
Zum Chor der hellgeäugten Cherubim.
So voller Harmonie sind ew'ge Geister:
Nur wir, weil dies hinfäll'ge Kleid von Staub
Ihn grob umhüllt, wir können sie nicht hören.

William Shakespeare (1564–1616]

Johannes von Damaskus und die Ordnung der Engel

Wie sehen Engel aus, wer bestimmt über sie, gibt es eine Rangordnung unter ihnen, welche Fähigkeiten und Aufgaben haben sie? Solche und weitere Fragen haben alle, die an Engel glauben, schon immer brennend interessiert.

In früheren Zeiten waren die Antworten leichter zu finden. Man glaubte an Autoritäten und berief sich einfach auf solche Kirchenmänner und -frauen, die sich über das Reich der Engel so ihre Gedanken gemacht hatten und ihre Ergebnisse als Glaubenssätze präsentierten.

Wir tun uns heute sicher schwerer damit, all diese Definitionen und Schilderungen buchstabengetreu anzunehmen. Bei vielen dieser uralten Engelbeschreibungen standen allerdings persönliche Erlebnissen und Visionen Pate.

Der heilige Johannes von Damaskus (gest. 4. Dezember 749) entwarf seine Engellehre vor gut zwölfhundert Jahren. Sie ist uns im zweiten Buch seiner »Darlegung des orthodoxen Glaubens« überliefert:

Die Engel sind Geister, darum sind sie auch an geistigen Orten. Sie haben ihrer Natur nach keine Körpergestalt und keine dreifache Ausdehnung nach Länge, Breite und Höhe. Sie sind dort, wohin sie befohlen werden, geistig zugegen und wirken ebenda. Sie können nicht zu gleicher Zeit an verschiedenen Orten sein und wirken. Ob sie in ihrem Wesen gleich oder voneinander verschieden sind, wissen wir nicht. Gott allein weiß es, er, der sie erschaffen hat, der ja alles weiß. Verschieden jedoch sind die Engel voneinander durch den Lichtglanz und ihre Rangordnung. Die bedeutendsten von ihnen strahlen am hellsten, die weniger wichtigen entsprechend weniger.

Die Engel erleuchten sich gegenseitig. Es ist klar, daß die höheren den niedrigeren das Licht und die Erkenntnis mitteilen. Die Engel sind stark und bereit zum Erfüllen des göttlichen Willens; dank ihrer Schnelligkeit finden sie sich sofort überall da ein, wohin sie der göttliche Wink beordert. Sie beschützen die Erdteile. Sie stehen Völkern und Orten vor, wie es ihnen vom Schöpfer aufgetragen ist. Sie besorgen unsere Angelegenheiten und helfen uns. Es ist sicher, daß sie nach dem göttlichen Willen und Gebot über uns Menschen stehen und ständig um Gott sind.

Hildegard von Bingen und die Chöre der Engel

»Wie der Strahl der Sonne die Sonne selbst anzeigt, so offenbaren die Engel durch ihren Lobpreis Gott, und wie die Sonne nicht ohne ihr Licht sein kann, so ist auch die Gottheit nicht ohne das Lob der Engel.«

Schon Jahrhunderte vor Hildegards Zeit hatten die Menschen eine recht eindeutige Vorstellung von der Engelwelt. Sie glaubten, daß die Engel in neun verschiedenen Chören den Thron Gottes umkreisen. Jeder dieser neun Engelchöre bildete eine eigene Klasse. Außerdem hatte jeder von ihnen eine spezielle Aufgabe beim Lobpreis Gottes. Hildegards Vision dieser Chöre ist die schönste und bildhafteste, die uns aus dem Hochmittelalter erhalten ist.

Ich sah in der Höhe der himmlischen Geheimnisse zwei Reihen erhabener, in großer Herrlichkeit leuchtender Geister. Die der ersten Reihe waren an der Brust beflügelt und hatten Gesichter wie Menschen, in denen wie in einem ungetrübten Wasserspiegel Menschenantlitze sichtbar wurden. Die der zweiten Reihe hatten ebenfalls Flügel an der Brust und menschliche Gesichter. Außerdem leuchtete in ihnen wie in einem Spiegel das Bild des Menschensohnes auf. Weiter konnte ich, weder bei ihnen noch bei den ersten, die Gestalt nicht unterscheiden.

Die beiden Reihen schlossen sich in Kranzesform um fünf andere Reihen. Von diesen hatten die Geister der ersten Reihe wieder Antlitze wie Menschen, und von der Schulter an abwärts erstrahlten sie in hellem Glanz. Die der zweiten Reihe standen da in so lichter Klarheit, daß ich sie nicht anzuschauen vermochte. Weißem Mamor gleich erschienen die Geister der dritten Reihe. Sie hatten Häupter wie Menschen, und über ihnen schwebten Feuerflammen. Eine eisenfarbige Wolke umhüllte von der Schulter an abwärts ihre Gestalt. Die Geister der vierten Reihe hatten menschliche Gesichter und Füße. Auf ihrem Haupte trugen sie einen Helm und waren mit marmorgleichen Tuniken bekleidet. Die der fünften Reihe endlich hatten gar nichts Menschenähnliches, sondern erglühten wie das Morgenrot. Weiter konnte ich von ihrer Gestalt nichts wahrnehmen.

Doch auch diese fünf Reihen schlossen sich – wieder in Form eines Kranzes – um noch zwei andere Reihen. Die der ersten Reihe waren voller Augen und Flügel. Aus jedem Auge schaute wie aus einem Spiegel ein Menschenantlitz, und die Schwingen waren wie zum Fluge in die himmlischen Höhen erhoben. Die Geister der zweiten Reihe brannten wie Feuer. Sie hatten sehr viele Flügel, und auf diesen erschienen wie in einem Spiegel die Sinnbilder aller Rangstufen der verschiedenen Stände in der Kirche. Weder bei diesen Geistern noch bei den ersteren konnte ich weiteres von ihrer Gestalt erkennen.

Alle diese Reihen kündigten in jeglicher Art von Musik und nie gehörten Harmonien das wunderbare Wirken Gottes in den heiligen Seelen, um dessentwillen sie Gott hoch verherrlichten.

Und wiederum hörte ich die Stimme vom Himmel. Sie sprach: (...) Gott hat jedem Geschöpf nach seinem Willen wunderbar seine Aufgabe gesetzt. Die einen hat er der Erde, die anderen dem Himmel zugewiesen. Er hat auch die seligen Engel zum Heile der Menschen und zur Ehre seines Namens berufen. Die einen hat er bestimmt, den Menschen in ihren Nöten zu helfen, die anderen, ihnen die Gerichte seiner geheimen Ratschlüsse zu offenbaren.

aus: »Wisse die Wege«, 1. Buch, 6. Gesicht

Von zwei Rosen
duftet eine
anders als die
andre Rose.

Von zwei Engeln
mag so einer
anders als der
andre schön sein.

So in unzähl-
baren zarten
Andersheiten
mag der Himmel,

mag des Vaters
Göttersöhne-
reich seraphisch
abgestuft sein...

Christian Morgenstern

Der Himmelswagen des Propheten Hesekiel

Zur Zeit der Babylonischen Gefangenschaft hatte der jüdische Prophet Hesekiel (Ezechiel) seine ekstatischen Erlebnisse. Berühmt ist seine alttestamentliche Vision vom Streitwagen Gottes.

Hesekiel beschreibt darin Seraphim-Engel, die eine Feuer-Aura haben. Sie symbolisieren die Liebe. Die Cherubime sind vielbeflügelt und über und über mit Augen bedeckt. Sie verkörpern die göttliche Weisheit.

Die Vierzahl der Cherubim steht für irdische Vollkommenheit: die vier Himmelsrichtungen, die vier Jahres- und Tageszeiten. Ihre Gesichtsformen haben sie von den vier mächtigsten Geschöpfen, die in vorchristlicher Zeit bekannt waren: Mensch, Löwe, Stier und Adler. Die Cherubim wachen über die vier Eingänge zum Himmel.

Die Engel-Räder oder auch Engel-Wirbel sollen die göttliche Bewegung im Kosmos ausdrücken.

Ich sah: Ein Sturmwind kam von Norden, eine große Wolke mit flackerndem Feuer, umgeben von einem hellen Schein. Aus dem Feuer strahlte es wie glänzendes Gold. Mitten darin erschien etwas wie vier Lebewesen. Und das war ihre Gestalt: Sie sahen aus wie Menschen. Jedes der Lebewesen hatte vier Gesichter und vier Flügel. Ihre Beine waren gerade und ihre Füße wie die Füße eines Stieres; sie glänzten wie glatte und blinkende Bronze. Unter den Flügeln an ihren vier Seiten hatten sie Menschenhände. (Auch Gesichter und Flügel hatten die vier.) Ihre Flügel berührten einander. Die Lebewesen änderten beim Gehen ihre Richtung nicht: Jedes ging in die Richtung, in die eines seiner Gesichter wies. Und ihre Gesichter sahen so aus: Ein Menschengesicht, ein Löwengesicht, ein Stiergesicht und ein Adlergesicht. Ihre Flügel waren nach oben ausgespannt. Mit zwei Flügeln berührten sie einander, und mit zweien bedeckten sie ihren Leib. Jedes Lebewesen ging in die Richtung, in die eines seiner Gesichter wies. Sie gingen, wohin der Geist sie trieb, und änderten beim Gehen ihre Richtung nicht. Zwischen den Lebewesen war etwas zu sehen wie glühende Kohlen, etwas wie Fackeln, die zwischen den Lebewesen hin und her zuckten. Das Feuer gab einen hellen Schein, und aus dem Feuer zuckten Blitze. Die Lebewesen liefen vor und zurück, und es sah aus wie Blitze.

Ich schaute auf die Lebewesen: Neben jedem der vier sah ich ein Rad auf dem Boden. Die Räder sahen aus, als seien sie aus Chrysolith gemacht. Alle vier Räder hatten die gleiche Gestalt. Sie waren so gemacht, daß es aussah, als laufe ein Rad mitten im andern. Sie konnten nach allen vier Seiten laufen und änderten beim Laufen ihre Richtung nicht. Ihre Felgen waren so hoch, daß ich erschrak; sie waren voll Augen, ringsum bei allen vier Rädern. Gingen die Lebewesen vom Boden, dann hoben sich auch die Räder; denn der Geist der Lebewesen war in den Rädern.

Über den Köpfen der Lebewesen war etwas wie eine gehämmerte Platte befestigt, furchtbar anzusehen, wie ein strahlender Kristall, oben über ihren Köpfen. Unter der Platte waren ihre Flügel ausgespannt, einer zum anderen hin. Mit zwei Flügeln bedeckte jedes Lebewesen seinen Leib. Ich hörte das Rauschen ihrer Flügel; es war wie das Rauschen gewaltiger Wassermassen, wie die Stimme des Allmächtigen. Wenn sie gingen, glich das tosende Rauschen dem Lärm eines Heerlagers. Wenn sie standen, ließen sie ihre Flügel herabhängen.

Oberhalb der Platte über ihren Köpfen war etwas, das wie Saphir aussah und einem Thron glich. Auf dem, was einem Thron glich, saß eine Gestalt, die wie ein Mensch aussah. Oberhalb von dem, was wie seine Hüften aussah, sah ich etwas wie Feuer und ringsum einen hellen Schein. Wie der Anblick des Regenbogens, der sich an einem Regentag in den Wolken zeigt, so war der helle Schein ringsum. So etwa sah die Herrlichkeit des Herrn aus. Als ich diese Erscheinung sah, fiel ich nieder auf mein Gesicht.

Hesekiel 1,4–2]

Engelräder oder Thron]

Mohammed sieht den Erzengel Gabriel

Plötzlich stieg Gabriel, der Erzengel, in seiner eigenen Gestalt herab, von solcher Schönheit, von einem solchen Glanz, von solcher Majestät, daß meine ganze Wohnung hell erleuchtet war. Er ist von einer Weiße heller als Schnee, sein Antlitz ist strahlend schön, die Wellen seines Haares fallen in langen Flechten herab, seine Stirn schmückt ein Diadem aus Licht, auf dem geschrieben steht: »Es gibt keinen Gott außer Allah!«

Als er sich mir näherte, nahm er mich in die Arme, küßte mich zwischen die Augen und sagte: »Oh, Schläfer, wie lange willst du noch schlafen? Steh auf! Ich will dich zärtlich führen. Fürchte dich nicht, denn ich bin Gabriel, dein Bruder!«

nach Peter Lamborn Wilson

Im Jenseits

Auch der Komiker Karl Valentin glaubte zu wissen, woher der liebe Gott seine himmlischen Geschöpfe nimmt: Er macht einfach ehemalige, einigermaßen wohlgefällige Menschen zu Himmelsboten.

Daraus ergibt sich natürlich ein Problem: Könnten Sie sich einen Menschen wie den frommen, aber schwergewichtigen Bäckermeister Meier als Flügelwesen vorstellen, nackig und mit Goldlöckchen?

Nun machen sich aber viele Menschen ... ein Bild vom Jenseitshimmel. Die Engel! Wo kommen denn die her? Die sind doch nicht unsichtbar, die haben goldenes Lockenhaar, haben zwei große Flügel und sind nackend, wenigstens die kleineren, die Amoretten. Die Engel waren aber doch früher auch einmal Menschen, deren Seelen ins Jenseits geflüchtet sind. Dort haben sie Flügel bekommen. Das wird aber nur die weiblichen Wesen betreffen, vom ersten bis 30. Lebensjahr. Ich könnte mir nämlich den ... Herrn Bäckermeister Meier nicht so himmlisch vorstellen, wenn er nackend mit zwei großen Flügeln in den Wolken herumflattert – dann lieber unsichtbar! Die Meinungen gehen also hier sehr auseinander.

Nun hat aber dieses angenommene Weiterleben nach dem Tode noch eine andre Seite. Auf Erden lebt der Mensch durchschnittlich 60 bis 70 Jahre. Das Leben ist aber mannigfaltig und bringt durch Arbeit, Freude, Sorgen, Leid usw. Abwechslung in die Bude. Wie ist das nun im Jenseits? Hier besteht keine Altersgrenze, sondern Ewigkeit. Also in Ewigkeit nur im Jenseits umherfliegen und als einzige Beschäftigung, wie uns aus der Bibel bekannt, nur Hosianna singen, das kann die ersten acht Tage ganz unterhaltlich sein, aber, man denke sich das ewig – das muß unbedingt langweilig werden.

Karl Valentin

Zoologische Engellitanei

Welche Gestalt können Engel annehmen? Auch zeitgenössische Schriftsteller machen sich dazu ihre eigenen Gedanken. So wie die Romanautorin Brigitte Kronauer. In ihrem Buch »Die Frau mit dem Kissen« hat sie eine besonders üppige Phantasie gesponnen:

Aus den Wolken herabstoßender, über den Bäumen des Ölbergs,
über dem in seiner Angst Blut ausschwitzenden Einsamen
kreisender Paradiesvogel mit dem Menschengesicht,
den göttlichen Glanz auf seinen Schwingen in Erinnerung bringender,
aus grünschuppigem Wolkenlaub brechender, das Unheil nicht wendender,
für das Grauen stärkender Trostvogel, Trostengel.
Zarteste Horngebilde, schützende Daunen, formende Deckfedern,
aufreizende Deck- und Schwanzfedern, zur Liebe hinreißend
durch Farbe und Glanz, Pigmente und Federstruktur.
Sirrender Flug rasender Mauersegler, lautlose Jagd der Nachtgreife.
Erzengel, Cherub, Seraph im Tierschmuck, in Eulenschwingen,
Raubengel im goldenen Flügelblitz.
Rotkehlchen und Dompfaff mit Engelsgefieder.
Lautlose und sirrende Beutezüge sich herabstürzender Raubengel,
Feder des Goldfasans, Pfauenfeder,
Faustpfänder der Zugvögel, Faustpfänder der himmlischen Herrscharen.

Engelsschwingen, scharlachfarben, metallisch gesäumt,
züngelnde Flammenfedern der Lichtboten:
Abkömmlinge von Reptilienschuppen, Kriechtiervergangenheit
der Engelaustattung, sublimierte Reptilienvorzeit.
Giftiger Rotfeuerfisch mit Flügelfächern:
gefallener, durch Verjährung unschuldig gewordener
Engel des Ozeans. (...)

Das A und O obendrein. Anfang und Ende.
Das Engelsattribut, das vertrauenerweckende und furchteinflößende,
das Kennzeichen, die himmlische Standarte ist das
tierische Attribut,
das Unwahrscheinliche der Engel und das Wirkliche:
ihr Flügelgepränge.
Das Unwahrscheinliche des Paradiesvogels, Eisvogels
ist das Gefieder,
der Glanz des Himmels, Glanz der Farbenunendlichkeit,
Ewigkeit unendlicher Muster.
Leichtes, hohles Engelskelett, vor der Versteinerung
aufgelöst,

fast spurloser Schritt, ohne Abdruck durch die Geschichte der Lebewesen.
Sechster Schwan!
Mit federleichtem Makel behafteter,
nicht vollkommen mit menschlichen Kleidern zu umschließender,
nicht um und um zu umfangender, niemals ganz und gar zu besitzender,
in der heißesten Liebe sich stets Verweigernder, die Liebe aufstachelnd,
nie durch und durch erlösend.
Fluchtbereiter, der Erde näher, der Erde ferner
als alle Körper, die er streift.
Halbengel.
Engel mit den Flügeln von Affenadlern,
mit Schwingen, deren hochgeklappte Unterseiten das Perlmutt von Muschelschalen zeigen,
Gott zur Hälfte und zur Hälfte Tier,
Botschafter in einer Gegend, der sie nicht verwandt sind:
überschlagen ist bei ihrer Konstruktion der Mensch.

KAPITEL VI

WÜNSCHE AN DIE ENGEL

Gebet an die Engel der Essener

Wir möchten uns den großartigen Engeln nähern,
allen Engeln der himmlischen Ordnung
um des Heiligen Gesetzes willen,
denn es ist das Wertvollste aller guten Dinge.
Wir schenken diese wohldurchdachten Gedanken,
diese Worte wohl gesprochen,
diese Taten wohl getan,
den freigebigen, unsterblichen Engeln,
und jenen, die ihrer rechten Aufgabe nachgehen.
Wir schenken diese Gaben
den Engeln des Tages,
den Engeln der Nacht,
den ewig lebenden, den ewig hilfreichen,
die für ewig im göttlichen Geist wohnen.
Mögen die guten, mutigen und freigebigen
Engel des Himmelsvaters
und der Erdenmutter

auf ihren heiligen Füßen
im Garten der Bruderschaft gehen
mit den heilenden Tugenden ihrer gesegneten Gaben,
so weit ausgebreitet wie die Erde,
so weit ausgedehnt wie die Flüsse,
so hoch reichend wie die Sonne
für die Entwicklung des Menschen zum Licht
und für reichliches Wachstum.
Sie sind es, die heiligen Engel,
die die Welt erneuern werden!
Die seitdem niemals alt werden noch sterben!
Niemals verwesen, ewig leben und immer wachsen.
Dann wird auch für alle
Leben und Unsterblichkeit kommen
und die Welt wird erneuert sein!
Die Schöpfung wird unsterblich wachsen,
das Reich des Himmlischen Vaters wird gedeihen,
und das Übel wird vernichtet sein.

aus: »Die verlorenen Schriftrollen der Essener: Buch 3«,
übersetzt von E.B. Szekely

Wunschengel

Manchmal wünsche ich mir,
ein Engel käme
und würde mir den Weg zeigen –
wie damals Rafael
dem Tobias.

Manchmal wünsche ich mir,
ein Engel käme
und würde mir
frohe Botschaft bringen:
»Fürchte dich nicht!
Bei Gott ist nichts unmöglich« –
wie damals Gabriel
der Gottesmutter.

Manchmal wünsche ich mir,
ein Engel käme
und würde in all
mein Denken hineinsprechen:
»Der Immanuel, der Gott-mit-uns,
ist schon da« –
wie damals der Engel
in Josefs Traum.

Manchmal wünsche ich mir,
ein Engel käme
und würde mich zur Krippe führen,
wo ich Gott
im Unscheinbaren begegne –
wie damals der Engel
die Hirten in Bethlehem.

Manchmal wünsche ich mir,
ein Engel käme
und würde den Stein
von meinem Herzen wälzen,
damit ich den Lebendigen
bei den Menschen suche –
wie damals der Engel
am Ostermorgen in Jerusalem.

Jedesmal, wenn ich um mich schaue,
sehe ich viele Engel,
die meinen Weg kreuzen –
Engel mit Menschengesichtern,
Menschen mit Engelgesichtern,
die mich glauben lassen:
die Botschaft von der
Menschenfreundlichkeit
unseres Gottes,
die Kunde seiner Menschwerdung
wird täglich neu gesagt:
»HEUTE ist Euch
in der Stadt Davids
der Heiland geboren,
Christus, der HERR«.

Wilfried Schumacher

Wir alle haben uns in der geistigen Welt dazu verpflichtet, uns gegenseitig zu helfen. Wenn wir unsere Herzen öffnen, so werden wir bis zum Überströmen gefüllt. Wir können selbst wie die Engel werden und denen helfen, die unseres Beistandes bedürfen.

Betty Jean Eadie

Ich dir nachsiehe
ich dir nachsende
mit meinen fünf Fingerlein
fünfundfünfzig Engelein.

Mittelalterlicher Reisesegen

Mögen deine heiligen Engel, o Christus,
Sohn des lebendigen Gottes,
unsern Schlaf, unsere Ruhe,
unser schimmerndes Lager bewachen.

Mögen sie uns in unserem Schlummer
wahre Traumbilder zeigen,
o hoher Fürst des Weltalls,
großer, geheimnisvoller König!

Weder Dämon, noch Unheil
oder Verderben, noch böse Träume
mögen unsere Ruhe, unsern tiefen,
festen Schlaf stören.

Heilig möge unser Erwachen sein,
unsere Arbeit und unser Tagewerk,
wie unser Schlaf und unsere Rast,
ohne Störung und ohne Unterlaß.

altirisch-keltisches Abendgebet, etwa 1000 n.Chr.

Bruder Engel, jede Nacht,
eh mich noch Dämonen fingen,
haben, Hüter, deine Schwingen
Morgenröte angefacht.

Hast mich nie allein gelassen,
hast mir Blick und Hand geführt
in Entzückung und Gefahr.
Immer hab ich dich gespürt,
auch wo deine Hand zu fassen,
meine Hand zu kraftlos war.

Hast mich brüderlich getragen
quer durch rotes Höllenland,
hast an schroffer Felsenwand
Stufen mir herausgeschlagen,
Strick und Kugeln abgewehrt,
Mauern meinem Gang gespalten,
und wie oft ich dich beschwert,
immer mir die Treu gehalten,
unbedankt und ungegrüßt.
Engel, sei du mein Geleit,
alle Straßen dämmern wüst.
Engel, reiß mich aus der Zeit.

Engel, führ mich, wie es sei,
einmal noch. Dann bist du frei.

Nimm von meiner Brust den Stein,
Laß mich, Engel, nicht allein.

Werner Bergengruen

1. Von guten Mächten treu und still umgeben,
behütet und getröstet wunderbar,
so will ich diese Tage mit euch leben
und mit euch gehen in ein neues Jahr.
(...)
7. Von guten Mächten wunderbar geborgen,
erwarten wir getrost, was kommen mag.
Gott ist bei uns am Abend und am Morgen
und ganz gewiß an jedem neuen Tag.

Dietrich Bonhoeffer

Eines Abends brachte Annette ihren jüngsten Sohn Tommy ins Bett. Nachdem sie ihm aus seinem Lieblingsbuch eine Geschichte vorgelesen und mit ihm gebetet hatte, war der vierjährige Tommy immer noch unruhig und bat seine Mutter, dazubleiben, da er vor der Dunkelheit Angst habe. Annette versicherte ihm, daß Gott seine Kinder durch Schutzengel bewahrt. »Ich nehme an«, sagte sie, »daß wahrscheinlich in diesem Augenblick einer im Raum ist, um auf dich aufzupassen, wenn du schläfst.« Nach einigen Augenblicken des Schweigens sagte dann Tommy mit beunruhigter Stimme: »Aber, Mutti, ich möchte, daß jemand mit Haut aufpaßt!«

Quellenverzeichnis

Kapitel 1:

Seite 15: Aus: Günter Grass, Gedichte und Kurzprosa (Studienausgabe Bd. 11) © Copyright Steidl Verlag, Göttingen 1994.

Seite 16ff. (Tobias-Text): erzählt nach dem »Buch Tobit«, Einheitsübersetzung der Bibel, Gesamtausgabe, Stuttgart 1982.

Seite 20ff. (Tante Mimis Erbe): Karin Reschke, in: Sibylle: Zeitschrift für Mode u. Kultur, Berlin 12/1994.

Seite 25 (Die warnende Stimme): Hans Theodor Brik, Unsichtbare Mächte, Veritas, Wien, o.J.

Seite 28 (Römische Schutzgeister): zitiert nach H. Th. Brik, a.a.O.

Seite 30ff. (Engel der Heilung): Ute York, Engel werfen keine Schatten, Knaur TB, München 1994.

Seite 40 (Zitat): Claus Westermann, Gottes Engel brauchen keine Flügel, Kreuz, Stuttgart 1978.

Seite 40ff.: Eva Windmöller, in: Sibylle 12/94.

Seite 45: Luisa Francia, in: Sibylle 12/94.

Kapitel 2:

Seite 47ff.: Ferdinant Holböck, Vereint mit den Engeln, Christiana, Stein am Rhein 1984.

Seite 53 (Heilige Pfeife): Schwarzer Hirsch, Ich rufe mein Volk, Walter-Verlag AG, Solothurn.

Seite 57 (Findhorn, Textanfang bis ›... Interpretation von Engelshilfe akzeptieren mußten.‹): Dorothy Maclean, Du kannst mit Engeln sprechen, Aquamarin, Grafing 1988.

Seite 59ff. (Ab ›Nimm einfach an ...‹ bis Beginn des Zitats von G. Trevelyan): Paul Hawken, Der Zauber von Findhorn, Hugendubel, München 1980; (Ab Beginn Trevelyan-Zitat): Denkschrift Sir George Trevelyan zitiert nach: Gottfried Hierzenberger, Die Boten Gottes, Tyrolia, Innsbruck 1990.

Seite 64ff.: André Heller, Schlamassel, © S. Fischer, Frankfurt am Main 1993.

Seite 66ff. (Großes Gesicht): Schwarzer Hirsch, Lamuv, 1993.

Seite 74ff. (Ab Gedicht G. Mallasz bis Ende Budaliget-Text drei Textquellen): Gitta Mallasz, Die Antwort der Engel, Daimon, Zürich 1981; Gitta Mallasz, Die Engel erlebt, Daimon, Zürich 1985; Gottfried Hierzenberger, Die Boten Gottes, 1990.

Seite 84ff. (Falscher Prophet): Pfr. Dreher, in: Blätter für Württembergische Kirchengeschichte, Neue Folge VIII, 1904.

Seite 88ff.: C.G. Jung, Erinnerungen, Träume, Gedanken, Aniela Jaffe (Hg.), Walter-Verlag AG, Solothurn 1987.
Seite 91ff.: Ferdinand Holböck, Vereint mit den Engeln, 1984.

Kapitel 3:
Seite 95: Donovan Leitch, Originaltext bei Donovan Music Ltd., London 1974, dt. Übersetzung von der Herausgeberin.
Seite 96ff.: Emanuel Swedenborg, »Wonnen der Weisheit der ehelichen Liebe«, in: Martin Lamm (Hg.), Ausgewählte religiöse Schriften, Simons, Marburg 1949.
Seite 100ff. (Engel Asriel): König Salomos Honigurteil: Märchen und Legenden der Juden, Pinchas Zadeh (Hg.), Hanser, München 1989.
Seite 111: Rainer Maria Rilke, Duineser Elegien, in: Gesammelte Werke, Insel, Frankfurt 1990.
Seite 119ff. (Mit den Engeln unser Seelenfenster putzen): Terry L. Taylor, Lichtvolle Wege zu deinem Engel, Goldmann, München 1993.
Seite 123ff. (Engelbeschwörung i. d. griech. Zauberpapyri): Jürg E. von Ins, »Abraham von Worms«, Eugen Diederichs Verlag, München, in der Gelben Reihe, Bd. Nr. 77.

Kapitel 4:
Seite 132ff. (Wie die E. den Schmied mit d. Bauern ...): zitiert nach Ferdinand Holböck, Vereint mit den Engeln, 1984.
Seite 134ff.: Elisabeth Kübler-Ross, Über den Tod und das Leben danach, Die Silberschnur, Melsbach 1989.
Seite 136ff.: Raymond A. Moody, Leben nach dem Tod, Rowohlt, Reinbek 1977.
Seite 138ff. (›Hildegard erwartet zweimal den Tod‹ bis einschließlich ›H's. Abschied von der Seele‹): Ferdinand Holböck, Vereint mit den Engeln, 1984.
Seite 142 (Todesengel): Leo Pavlat, Jüdische Märchen, Artia, Prag 1985.
Seite 149: Franz Werfel, Das Lyrische Werk, © S. Fischer Verlag, Frankfurt am Main 1967.
Seite 156: Else Laske-Schüler, Gesammelte Werke in 3 Bänden. Bd. 1 Gedichte 1902–1943, Kösel Verlag, München 1990.

Kapitel 5:

Seite 157ff.: E. Bordeaux-Szekely, Das Evangelium der Essener, Buch 1–4 Gesamtausgabe, Martin, Südergellersen 1994.

Seite 162ff. (Moses sucht): Peter Lamborn Wilson, Angels, Thames & Hudson, London 1980, dt. Übersetzung und Bearbeitung von der Herausgeberin.

Seite 164: Betty Jean Eadie, Licht am Ende des Weges, Droemer Knaur, München 1994.

Seite 166 (Saturus): Christian Pesch, Herder, Freiburg 1925.

Seite 168ff. (Semjasa): Leo Pavlat, Jüdische Märchen, 1985.

Seite 174ff. (Ein Schelm ...): Peter Lamborn Wilson, Angels, 1980, dt. Übersetzung und Bearbeitung von der Herausgeberin.

Seite 180ff. (Goldfäden): Christian Pesch, 1925.

Seite 186ff.: Hildegard von Bingen, Wisse die Wege (Scivias), Übersetzung nach dem »Kleinen Hildegardiskodex« (12. Jhdt.) von Maura Böckeler O.S.B., Sankt Augustinus, Berlin 1928.

Seite 188ff.: Christian Morgenstern, Gesammelte Werke, Piper, München 1989.

Seite 192f.: Karl Valentin, Sämtliche Werke, Bd. 1 Monologe und Soloszenen, Piper, München 1984.

Seite 194ff.: Brigitte Kronauer, in: Sibylle, Berlin 12/1994.

Kapitel 6:

Seite 197f.: E.B. Szekely, Die verlorenen Schriftrollen der Essener. Schriften der Essener, Buch 3, 1995.

Seite 203: Werner Bergengruen, Gestern fuhr ich Fische fangen, Arche, Zürich 1992.

Seite 204 (Von guten Mächten ..., hier die 1. und 7. Strophe): Urheber: Dietrich Bonhoeffer. Quelle: Dietrich Bonhoeffer, Widerstand und Ergebung. (KT 100). Chrs. Kaiser / Gütersloher Verlagshaus, Gütersloh, 15. Auflage 1994.

Bildnachweis

Titelmotiv:

Abbott Handerson Thayer, Engel (1989), National Musium of American Art, Washington, D.C. / Art Resource New York

Bildtafeln:

1. El Greco, Die Verkündigung, Museo Balaguer, Toledo – 2. Andrea del Verrochio, Rafael und Tobias, London National Gallery – 3. Mathias Grünewald, Das Engelskonzert, Musee d'Unterlinden, Colmar – 4. (oben) Grabplatte aus dem Benediktinerkloster in Jaca (Huresca), Spanien – 4. (unten) Zeichnung von »Schwarzer Hirsch« – 5. Bamberger Apokalypse, Nationalbibliothek, Paris – 6. Altägyptischer Isis-Engel, William MacQuitty, International Collection – 7. Metropolitan Museum of Art, New York – 8. Raffaelo Santi, Fresko, Loggien des Vatikan, Rom – 9. William Blake, Illustraion zu Ezechiel 28, 13-15, (AT), Tate Gallery, London – 11. Aus dem Kleinen Hildegardiskodex der Hildegard von Bingen, Landesbibliothek Wiesbaden – 13. Duc de Berry, »Tres riches Heures«, Chantilly, Musee Conde – 14. Melozzo da Forli, Engel mit Viola, Fresko, Vatikanische Pinakothek, Rom – 16. Rembrandt, Der Engel verläßt Tobias, Musee National du Louvre, Paris.